AF591785

TABLEAUX
DE
LA BONNE COMPAGNIE
DE VERSAILLES
ET
DE PARIS;
OU

Traits caractéristiques, Anecdotes secretes, Politiques, Morales & Littéraires, recueillies dans les Sociétés du bon ton, pendant les Années 1786 & 1787.

Par M. le Ch. DE B***.

TOME PREMIER.

A PARIS,

Chez tous les MARCHANDS de NOUVEAUTÉS.

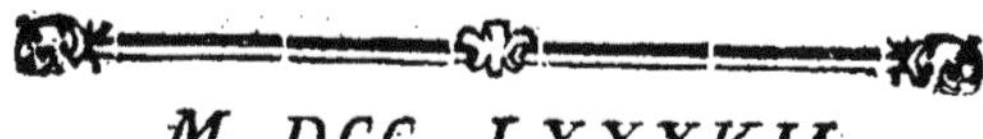

M. DCC. LXXXVII.

O Vous, Sexe charmant, qui savez tout embellir, malheureusement même jusqu'au vice ; venez répandre quelques agrémens sur nos récits. C'est à vous, à la place que vous y occuperez, qu'ils devront tout leur intérêt. S'ils vous montrent avec des défauts, peut-être aussi avec ce que des gens séveres appellent des ridicules, on y verra que vous êtes le principe de la vie des sociétés, que sans vous tous languiroit dans l'inertie, que les hommes vous doivent leurs vertus comme leurs foiblesses, que vous êtes le foyer où s'allument le flambeau de la philosophie, celui de la politique, & le feu brûlant qui nous dévore pour la gloire & la célébrité dans tous les genres, comme celui de l'amour qui nous soutient & nous console dans les travaux d'une carriere toujours agitée.

Les femmes sont chez nous les véritables précepteurs des hommes : elles aiment les sciences, les arts, les talens & les encouragent ; elles veulent les trouver dans le cercle qui les entoure.

Elles électrisent ces conversations où le choc de la discussion fait éclorre des idées neuves que l'on mûrit ensuite dans le silence du cabinet ; c'est dans ces conversations que l'homme d'esprit semble se monter au ton du génie par le degré d'énergie que lui donne ce feu électrique ; c'est là que remontent les belles découvertes, les grands & utiles projets, que se rapportent peut-être les belles actions ; car les femmes même qui paroissent avoir renoncé à cet honneur de convention dont on leur fait une loi, aiment l'honneur, le patriotisme, la gloire ; leurs mépris punissent le chevalier qui a forfait à l'honneur ; & ne sont-elles pas elles-mêmes capables des actions les plus glorieuses ? On a vu dans ces derniers tems, une femme avilie prouver qu'au milieu des plus grands désordres, les plus nobles sentimens peuvent se conserver comme un diamant enfoui dans le fumier, où l'occasion qui le fait découvrir le montre dans toute sa pureté, dans tout son éclat.

Cette femme étoit la maîtresse du cou-

pable mais malheureux DE SEIGNE. *Séduit par le compagnon de ſa captivité, il fut blâmable ſans doute d'être devenu ſon complice. L'un, en recouvrant la liberté, auroit échappé à l'échaffaut; De Seigne n'avoit d'autre motif que d'abréger ſa détention de quelques ſemaines. Il tua ſon géolier. C'eſt un crime, mais il le crut néceſſaire. Admirons ſa fermeté, lorſque trouvant un rempart dans le cadavre même dont la chûte avoit refermé la porte de ſon cachot, il ſe laiſſa inonder & ne reçut des fers qu'après que l'eau eût rendu ſes armes inutiles. Admirons ſon courage au milieu des tortures affreuſes qu'il ſupporta ſans avouer la main qui lui avoit fourni des armes; mais admirons ſur-tout cette femme qui accourut pour faire ceſſer ſes tourmens, en ſe déclarant elle-même aux juges étonnés, devant un peuple attendri, pénétré de ſa générosité.*

Si parmi les femmes ſur qui l'éducation & l'entouſiaſme de la célébrité n'ont aucune influence, chez qui le ſentiment n'eſt que l'impulſion de la na-

ture, l'écrivain trouve des sujets d'éloges & les académies de belles actions à récompenser, combien celles qui, dès leur enfance, ont reçu des leçons & des exemples de toutes les vertus, ne nous fournissent-elles pas de traits à la gloire d'un sexe qui en ce moment ajoute à l'éclat de plusieurs trônes!

LA LEÇON DE MUSIQUE.

La vivacité française, ne peut être long-tems fixée par le même objet. Une leçon de musique, un entretien politique, une conversation galante, une conférence d'affaires & une discussion littéraire, roulent chacun également sur la littérature, les événemens politiques, l'anecdote du jour, les sciences & les plaisirs.

J'Arrivai hier chez la marquise de *** en même tems que son maître de harpe. Ma belle cousine voulut que je restasse. Monsieur *Langsam*, me dit elle, sait tout au monde, & il a une maniere originale de voir qui vous amusera. Il me parut plaisant que la musique ne fut pas le premier talent pour lequel on vantoit un musicien. Enfin monsieur *Langsam* arrivoit de Berlin ; je lui demandai des nouvelles du grand Frédéric. Le roi mon maître, répondit il, n'est immortel que dans l'histoire & dans le cœur de ses sujets : le jour de

A 4

mon départ je le vis à cheval, mais la veille il avoit eu une défaillance qui nous remplit tous d'épouvante. --- Comment, étiez-vous présent? --- Non, monſieur, mais elle fut longue & la nouvelle s'en répandit au dehors. Son ame étoit endormie; elle ſe réveilla avec toute ſa vigueur. Croirez-vous qu'une plainte, un ſoupir furent le premier ſigne du retour de notre monarque à la vie? Non, ce fut par une plaiſanterie qu'il raſſura ſes alentours effrayés. En ouvrant les yeux, ſa majeſté le roi apperçut la veſte noire d'un de ſes médecins: *Docteur*, lui dit-il, *eſt-ce le deuil de vos malades que vous portez?* ..... La marquiſe demanda au muſicien ce qu'il penſoit de l'influence que la mort du roi de Pruſſe pourroit avoir ſur les affaires de l'Europe & ſur les projets de ſes adverſaires. ---- Oh! ne penſez pas, madame la marquiſe, reprit le Berlinois, que ſi le Céſar de Potzdam n'exiſtoit plus, celui de Vienne y pût gagner quelque choſe. En changeant de maître, l'aigle pruſſien ne perdroit rien de ſa vigueur. Au reſte on fait injure au grand JOSEPH, en lui ſuppoſant les vues d'une ambition démeſurée. Tenez, madame, je compare l'Europe à cette harpe. De grands muſiciens cherchent à la mettre d'accord. Cela eſt bien différent que d'en monter les cordes à l'uniſſon; chaque corde doit avoir juſte le ton qui lui convient. Croyez qu'il ne s'agit pas de baiſſer celle de la Pruſſe, pour parvenir à cette grande opération. D'ailleurs les ſouverains du tems présent en savent trop long pour se battre. Autrefois des regnes entiers se consumoient en guerres inutiles. Maintenant on médite, on combine, on envoie des couriers, on se fait des avantages réciproques & l'on finit par s'entendre. A propos, une grande, mais une grandissime nouvelle que l'on me mande, c'est la prochaine abolition du célibat ecclésiastique dans les états de l'empereur, conséquemment bientôt dans l'univers catholique. Le gouvernement de Vienne a fait une plaisante réponse aux représentations du clergé à ce sujet : *Messieurs*, leur a-t on dit, *pensez-vous que le célibat des prêtres soit plus avantageux à la population que leur mariage?*...... C'est un projet qui couve depuis long tems ; il explique bien des énigmes politiques qui ont mis les têtes spéculatrices à la torture. On voit pourquoi les intérêts du pape ont trouvé des défenseurs parmi les protestans. Les catholiques deviendroient trop puissans, monsieur, ils nous écraseroient, s'ils cessoient d'être écrasés eux-mêmes par la cour de Rome & le clergé. Au reste l'abolition du célibat des prêtres, la grande diminution de la puissance de Rome, & la suppression des moines, annoncent un rapprochement, un plan qui ne comportera qu'une religion unique parmi les chrétiens, & fera oublier jusqu'aux noms de schisme & de sectes. Le meilleur parti qu'à mon avis le pape pourroit prendre, se seroit d'aller lui-même au devant de ce qui se prépare, de se faire honneur d'une révolution inévitable & de chercher à en tirer le meilleur parti qu'il lui seroit possible. Les prêtres se marieront : eh bien qu'il donne le premier exemple. De grands monarques ont des sœurs à pourvoir. Il peut en demander une, & à l'aide d'une alliance brillante regagner du côté du temporel tout ce qu'il aura perdu du côté du spirituel. Le souverain pontife devenu souverain militaire, recevra, comme prince de la terre, un accroissement de puissance ; ses états riches de leur fertilité, par une bonne administration, profiteront de leur position heureuse & des avantages de traités auxquels les puissances délivrées du joug de l'Eglise s'empresseront d'accéder ; la Thiare déja prête à tomber sera remplacée par une couronne, & le roi de Rome formera un poids dans la balance politique de l'Italie, peut-être même dans celle de l'Europe..... Allons, madame la marquise, *ut mi sol ut*, votre *arpeggio* ; madame a des dispositions étonnantes ; voyez, monsieur le chevalier, ces graces ! élevez un peu la main, madame.....

Le marquis vient à entrer.. --- Vous voilà, monsieur, quelle affaire vous amene chez moi ? Et quel est cet air renfrogné, cette mine de mari ; que vous m'apportez là ? -- Madame, le pauvre Blancourt est mort. -- J'en suis fâchée, mais on s'y attendoit : il étoit condamné avant son départ. --Il n'en a pas moins donné de la jalousie à un de ses camarades qui l'a forcé de se battre. --- Comment forcé ? Blancourt auroit-il manqué de cœur ? --- Il me paroît que ce doute vous affecte plus que sa mort. Ecoutez ce que m'écrit le commandant. » Votre jeune cousin alloit tous les » soirs traîner sa languissante santé chez la » maîtresse du chevalier d'Arville. Cette femme » a infiniment d'esprit, & ce n'est gueres » qu'en ce genre que Blancourt pouvoit cher- » cher des plaisirs. Son ami cependant lui » soupçonnoit un autre motif ; il éclata ; » Blancourt s'efforça en vain de le ramener à » la raison. Après diverses explications, Blan- » court continuoit son train de vie ; d'Arville » devenoit chaque jour plus jaloux. Il fallut » aller sur le pré. D'Arville chargeoit comme » un furieux ; l'autre paroit froidement, & » ses ménagemens ne faisoient qu'animer en- » core plus son adversaire. Le sang de Blan- » court coula : cette vue fit impression sur » d'Arville. Ce n'est rien, dit votre brave pa- » rent : continue, aveugle & injuste ami. --- » Et toi, quel homme es-tu ? perce donc, si » tu le peux, ce cœur ulcéré, qui ne respire » que ta mort. --- Satisfais toi, d'Arville, im- » mole ton ami ; je ne me défens que par » estime pour toi ; dieu me préserve de songer » même à punir ton injustice. Tu peux au » plus rapprocher de quinze jours le terme de » ma vie. Tu sais qu'une maladie incurable » me fait déja chanceler sur les bords du tom- » beau, & combien de services ta patrie & ta

» famille n'ont-ils pas encore à attendre de
» toi! continue, te dis-je, je ne reste ici que
» pour te procurer le plaisir d'assouvir la pas-
» sion qui t'égare.... D'Arville attendri, confus,
» tombe dans les bras de son ami, & l'on
» amene ces deux braves gens chez moi.
» Blancourt nous est devenu plus cher encore,
» mais, comme il l'avoit prédit, quinze jours
» après, il a succombé à la consomption qui
» le minoit..... « Eh bien, madame? --- Eh bien, monsieur, je vois que Blancourt mérite des regrets. Un lâche est un être odieux. --- Certes, madame; mais la bravoure consiste-t-elle dans le mépris de la vie? Non: il faut estimer l'existence pour mériter le nom de brave, quand on s'expose au risque évident du la perdre, & c'est en méconnoître la valeur que de la mettre en jeu pour satisfaire ou repousser un injuste ou un puérile ressentiment. --- Monsieur le marquis, vous savez que vos grandes phrases & vos dissertations m'*excédent*: je ne dis plus qu'un mot. C'est nous, oui, nous autres femmes qui soutenons la vraie valeur parmi vous; sans nous vous n'auriez que la bravoure des bêtes féroces: passons... Madame, osa répliquer le musicien, mes compatriotes sont de braves gens, je défie qu'on puisse le nier; & pourtant on ne voit gueres dans mon pays de ces duels, de ces combats singuliers.... --- Mademoiselle Julie, donnez à monsieur *Langsam* son cachet; j'ai aujourd'hui de la musique par dessus les yeux.

Voilà le virtuose parti, sa leçon donnée, Blancourt oublié & le marquis *hors de cour*. La marquise se tourna de mon côté: --- Chevalier, avez-vous lu le livre de monsieur B*** ?-- Oui, madame.--- Dites-moi; concevez-vous qu'il n'ait pas mis dans son gros volume une seule des jolies choses qui le font tant briller dans la société ? Je suis tentée de croire qu'il est des gens que l'écritoire abêtit. Leur imagination est muette, lorsqu'elle n'est pas électrisée. --- Dans le monde on peut les comparer à des instrumens auxquels une conversation montée fait rendre des sons éclatans. --- Et un cercle de jolies femmes; la vue de beaux yeux qui se fixent sur le dissertateur; des levres prêtes à sourire au bon mot qu'elles attendent; il y a là de quoi produire bien des miracles.--- Madame, dit le marquis, je crois que le beau sexe vivifie tout; mais l'esprit des autres est toujours utile au développement du nôtre.--- Courage, interrompit la marquise, continuons ainsi & nous serons la matiere d'un livre tout aussi ennuyeux que celui du pauvre B.... C'est un bon sens d'un triste ! pas l'ombre d'esprit: point de goût.... & si l'on n'a du goût en ce siecle, on n'est point lu. --- Par vous, mesdames, qui en êtes les divinités; mais parce qu'un homme n'a pas ce ton léger qui vous plaît, cet art de dire des riens, très-bon dans la société, mais qui ne devoit jamais se remarquer dans un livre, faut-il qu'il refuse au public sensé, des réflexions, des observations utiles? --- Ecoutez, monsieur le marquis, je vous laisse de grand cœur votre B.... & votre admiration pour lui; moi, je vous déclare que je ne lirai jamais rien de ce qu'il lui plaira d'écrire, & je ne recevrai sa personne que tant qu'elle continuera de ne pas ressembler à ses ouvrages. --- Peut-être, reprit le marquis, ne suffit-il pas d'avoir de l'esprit pour en mettre dans ses écrits; peut-être l'art d'écrire, de faire naître, de combiner ses idées, de les rendre dans un livre, doit-il, comme tous les arts difficiles, s'acquérir par une longue étude. Il faut y former ces fibres dès la jeunesse, comme pour tout ce qui n'est pas dans l'ordre primitif de la nature. Vous, madame la marquise, vous écrivez, ainsi que mille autres femmes, des lettres charmantes; & je doute que vous puissiez faire six pages supportables d'un roman même en forme de lettres. --- En vérité, monsieur le mari, vous êtes aujourd'hui d'une galanterie achevée. Au reste vos éloges portent à faux autant que vos critiques, car je ne pense pas que vous ayez jamais reçu de mes lettres. -- Que savez-vous, madame, si l'on ne m'en a pas montré? -- En ce cas, monsieur, soyez plus discret que les imbéciles qui auront fait cette sottise... Monsieur le marquis, faites avertir mes femmes..... Vous dînerez avec nous, chevalier, vous romprez un tête-à-tête qui, vous le voyez, ne seroit pas fort tendre.... Ah! j'oubliois! l'*Enfant* m'a fait prier de le recevoir à dîner. Au revoir, messieurs.

La marquiſe paſſa dans ſa toilette, & le marquis me propoſa de voir des chevaux qu'il venoit d'acheter. Chemin faiſant je lui demandai ce que c'étoit que l'*Enfant ?* --- Eh ne ſavez vous pas ?.... c'eſt le petit duc de *** dont madame s'eſt chargée de conduire les pas à ſon entrée dans le monde : il faut convenir qu'en effet c'eſt encore un joli enfant. --- Mais cet enfant, ſi je ne me trompe, eſt déja colonel d'un régiment ? --- A dix-huit ans, mon ami, on peut bien ſervir ſon roi, & avoir beſoin de leçons pour la ſociété. Ecoutez, chevalier, je préviendrai toutes vos réflexions. Votre chere couſine eſt mon épouſe & non pas ma maîtreſſe. Je vois très-philoſophiquement des choſes dont d'autres pourroient s'affliger, & je laiſſe la malignité s'alimenter de ſoupçons, de rapports, qui doivent gliſſer ſur l'eſprit d'un époux raiſonnable. Le plus grand malheur pour un bourgeois, c'eſt de ſe trouver tous les jours au lit, à table, ſouvent tête-à-tête avec une femme qu'il ne peut aimer ni eſtimer; le défaut d'harmonie dans un ménage mal-aiſé eſt pire encore que les privations & la miſere : mais chez nous, qu'importe! on ne ſe voit que quand on veut. Hors le dîner où nous ſommes rarement ſeuls, madame & moi, nous ne nous rencontrons gueres. Je ne lui demande que des égards, & elle doit être ſatisfaite de mes procédés.

En arrivant aux écuries, nous trouvâmes un *jockey* de près de ſix pieds de haut. Ces homme, me dit le marquis, a été ſoldat dans mon régiment. Son pere avoit été un riche marchand & avoit prêté d'aſſez groſſes ſommes au mien. La fortune lui ayant tourné le dos, ſon fils s'étant engagé, j'ai réuſſi à le faire paſſer dans mon corps. Une aventure fâcheuſe lui a rendu la liberté. C'eſt un petit malheur qui lui a valu un grand bien. Il a tué un major qui venoit de lui ſauver la vie. --- Comment! ce n'eſt pas, il me ſemble, un ſi petit malheur. --- Ce ne peut, reprit le marquis, être un grand malheur de faire ſon devoir. Le major du régiment, homme dur, barbare même, diſoit-on, trouva un ſoir ce grand drôle endormi en faction. Prêt à en faire juſtice ſuivant la rigueur des ordonnances, il s'apperçut que c'étoit mon protégé. Il crut devoir le ménager & ſe contenta de prendre ſon fuſil. Le gaillard s'éveillant bientôt après & s'appercevant de l'aventure, courut au corps-de-garde, emporta le premier fuſil qui ſe trouva ſous ſa main & revint à ſon poſte. Le major repaſſe; mon homme crie, l'officier ne répond rien: réitere; pas le mot. Le major étoit perſuadé que la ſentinelle étoit déſarmée. Au troiſieme *qui vive*, *Sans-Souci* lâche ſon coup & le perce de trois balles. L'affaire étoit délicate; mais enfin l'ordonnance étoit pour mon protégé : je lui ai donné ſon congé & je l'ai pris à mon ſervice afin d'éviter les ſuites de quelque impreſſion fâcheuſe que cet accident avoit produite dans le corps à ſon égard..... Du reſte

ce

ce major étoit un méchant homme, & je ne ſuis pas fâché d'en être débarraſſé. Je crois que le coquin ne l'ignoroit pas. — Je vous félicite, monſieur le marquis, d'avoir un ſerviteur auſſi zelé... Nous paſſâmes aux chevaux qui valent bien beaucoup d'hommes.

L'heure nous rappella. En entrant dans le ſallon, nous trouvâmes madame la marquiſe avec le duc *** : c'étoit l'*enfant*. Il ſe mit à fredonner en ſautillant ſur un pied, devant une glace. — Savez-vous, me dit la marquiſe, que M. *Langſam* a infiniment d'*eſprit naturel*, & qu'il eſt fort inſtruit pour un homme de ſon état ? — Je trouve, madame, qu'il parle politique comme un maître de muſique, & je ſuis tenté de croire qu'il joue de la harpe comme un roi. — Comment, & le roi David donc ?... C'étoit le vieux commandeur, qui en entrant avoit entendu les derniers mots. — Vous venez fort à propos, mon oncle, pour m'empêcher de déviſager le chevalier qui s'aviſe de faire le mauvais plaiſant ſur le bon *Langſam*. — Ecoutez, ma chere niece, vous autres femmes, vous vous prenez comme cela pour des *eſpeces* qui n'ont pas le ſens commun.... Au fond vous ne les protégez que parce que leurs ridicules vous amuſent : il leur échappe un mot de bon ſens qu'ils ont recueilli dans le monde ; vous criez au miracle. Extaſiez-vous, mais laiſſez-nous les mieux juger. Votre *Langſam* eſt un ſot dont les rêveries & les coq-à-l'âne m'ennuyent. — Au moins faut-il convenir qu'il eſt un bon maître. — Oui; s'il ne faut pour cela qu'être complaiſant. Les meilleurs maîtres pour les mauvais écoliers ſont ceux qui ne ſe ſoucient gueres de leurs progrès. — Commandeur, paſſons la morale: vous venez de votre chymie; qu'avez-vous appris de neuf? — Une hiſtoire fort plaiſante. C'eſt une gageure qu'un Anglais couſu d'or a perdu ces jours derniers à l'opéra. M. *Rosbif* étaloit toujours au balcon des habits ſuperbes qu'il varioit ſans ceſſe. Un baron Flamand que le hazard plaçoit ſouvent près de lui s'impatienta un jour des éloges que l'on donnoit au luxe de l'Anglais. Demain, dit-il à un ami, vous me verrez bien plus magnifique que lui. *Rosbif* qui l'entendit promit de le ſurpaſſer malgré ſes efforts. On ſe défia, on ſe piqua, on paria mille louis. Il fut convenu ſeulement qu'on n'employeroit ni diamans ni pierres précieuſes. Le lendemain on attendoit avec une impatience indicible l'heure du ſpectacle. *Rosbif* parut avec un habit d'une magnificence dont on n'avoit pas eu d'idée. Le Flamand arrive enſuite avec un habit de ratine brune d'un ſimple déſolant. — Va donc t'habiller, lui crient ſes amis! — Je le ſuis, meſſieurs. — As-tu perdu la tête? Paye, malheureux, & cache-toi. — Non, meſſieurs, raſſurez-vous; je n'ai rien perdu. J'apperçois *Donjeux* & *Le Brun* (fameux marchands de tableaux); faites les appeller.... Ils viennent; mon Flamand ſe déboutonne & leur fait examiner la doublure de son habit. C'étoit un *Rubens* de la plus grande beauté.... Quoi de plus magnifique qu'un habit qui porte un pareil chef-d'œuvre pour doublure! l'Anglais paye, & le Flamand a de son côté l'argent & les rieurs. Ma foi, l'argent n'est rien, si l'esprit ne le fait valoir Hem ! — L'histoire est bonne, dit la marquise, mais avouez, mon oncle, que vos leçons de chymie ne valent pas mieux que mes leçons de harpe.... A propos, dînez-vous avec moi ? — Non, car c'est aujourd'hui le jeudi de madame *** & nous avons lecture. Diable, je ne manquerois pas cela pour un empire. Déja trois heures ? Je m'en fuis.

Quand le commandeur fut parti, le duc dit son mot. — Ma belle maman, ne croyez-vous pas comme moi que monsieur le commandeur est de ces gens qui apprennent le matin par cœur ce qu'ils ont à dire tout le jour ? — Je sais, reprit le marquis, que beaucoup de personnes ont un répertoire de mots & d'anecdotes qu'ils étudient tous les jours en se levant, & notent ce qu'ils veulent placer dans la conversation. C'est l'état des dettes envers la société qu'ils veulent acquitter dans la journée. Au reste, il vaut mieux se parer de l'esprit des autres que de n'en avoir point du tout à montrer.... On vint avertir que *madame étoit servie.*

Nous trouvâmes dans le sallon de Comus cinq à six personnes qui nous attendoient. Le marquis me dit à l'oreille : madame nous avoit menacés d'être ſeuls ; je vois là des gens invités : heureuſement le maître-d'hôtel a meilleure mémoire qu'elle. On ſe plaça. Pour rendre la ſcene de table, il faut prendre la forme de dialogue. Faiſons d'abord connoître les perſonnages : le vieux comte d'*U*...., le doyen des petits maîtres, que l'on nomme le *Page d'Adam* ; le grave préſident X ; le petit, le charmant abbé C***, à qui il ne manque qu'une vue baſſe pour être *délicieux* ; un ſecrétaire d'ambaſſade & un académicien.

L'abbé C. Je vous fais mon compliment Madame la marquiſe, des ſuccès de l'abbé d'Eſpagnac dans ſes ſpéculations.

La marquiſe. Vous êtes un petit indiſcret, l'abbé. Savez-vous que je ne conviens pas d'y être intéreſſée.

Le préſident. Sur ce pied là, madame, je dirai ſans crainte que cela va mal. On vient de m'apprendre que l'abbé d'*Eſpagnac* a beaucoup perdu à la baiſſe des actions de la compagnie des Indes.

L'académicien. Il ne ſera pas plus heureux ſur celles des eaux. Ces entrepriſes reſſemblent à beaucoup d'écrivains. On voit leurs actions monter comme une liqueur dans l'alambic. Celui qui ſouffle détourne la tête, & tout tombe dans un inſtant.

La marquiſe La Fleur, allez chez l'abbé d'Eſpagnac demander des nouvelles.

L'abbé C. Quant à lui, il ne ſauroit tout perdre. Les éloges des gazetiers lui reſteront.

L'académicien. Ces éloges ſont bien à lui ; car il a donné 20 louis à *Art....* pour en faire un article du bulletin qu'il fait circuler dans tous les bureaux de nouvelles de l'étranger.

Le marquis. De tels éloges ſont comme de certains cordons qui ne prouvent dans ceux qui les ont, que le deſir d'être honorés, & l'oubli de cette vérité, que *les honneurs n'honorent pas toujours.*

L'abbé C. A propos de cordons, vous avez-là, madame la marquiſe, des rubans *exquis.* Cela me paroît un goût tout neuf. Comment le nomme-t-on ?

La marquiſe. Au diadême arc-en-ciel. C'eſt une mode que j'ai *créée.* Ce lozange dans la rayure large du milieu me ſemble d'un *effet* admirable.

Le comte d'U..... Hâtez-vous, madame, d'exercer votre imagination pour les modes de la ſaiſon, car je crains qu'elle ne ſe paſſe pas ſans un nouveau deuil.

Le ſecrétaire. Eh, bon dieu ! pouvez-vous ignorer que *Frédéric* a terminé ſa glorieuſe carriere ? Pluſieurs courriers en ont apporté la nouvelle.

Le marquis. Il eſt mort, ce grand homme !... L'admiration produit-elle donc les mêmes effets que l'attachement ? Voyez la conſternation empreinte ſur tous nos viſages.... Donnez-nous, monſieur, des détails de cette fin. Une lumiere auſſi éclatante ne peut s'éteindre ſans jetter des étincelles.

Le ſecrétaire. FRÉDÉRIC a ceſſé de répandre cette lumiere, mais il l'a laiſſée ſur ſon trône, & FRÉDÉRIC GUILLAUME en eſt devenu le foyer. Le *Salomon*, l'*Alexandre* du nord a quitté la vie ſans peine, ſans offrir ce ſpectacle affreux des angoiſſes, des convulſions d'une mort vulgaire. Ses derniers momens ont été ceux d'un roi, d'un philoſophe. Le 15, il avoit diſcuté & réglé lui-même des comptes fort détaillés de ſes finances ; le 16 au matin, il a ſemblé s'abandonner volontairement à un ſommeil létargique qui a eu peu d'interruption juſqu'au moment de ſon dernier ſoupir. Il n'a jamais ceſſé de montrer un calme, une ſérénité d'eſprit étonnans dans un des hommes à qui la vie devoit être le plus chere. Huit jours avant ſa mort, il apprit que des marchands de Léipzick ſpéculoient ſur ſa fin prochaine & accaparoient tout le crêpe qui ſe préſentoit. *Si je croyois*, dit-il, *que je fuſſe obéi après mon trépas, j'ordonnerois que mon deuil ſe portât en* couleur de roſe : *en jouant un tour aux monopoleurs de Léipzick, je ferois plaiſir aux femmes, auxquelles je n'en ai gueres fait dans ma vie.*

L'abbé C. On m'a raconté de ce grand roi un trait aſſez piquant. Dites-nous s'il eſt vrai, monſieur. On prétend qu'un conſeiller lui avoit propoſé de réduire d'un quart le ſalaire des ouvriers employés à la fabrication du tabac, parce que ces gens quittoient leur ouvrage aux trois quarts de la journée. Sa majeſté ayant demandé au département un rapport à ce sujet ; apprit que ces malheureux étoient pour la plûpart de vieux soldats à qui il ne restoit gueres qu'une poitrine assez forte pour résister au danger de ce travail, & qu'on devoit plutôt intéresser son humanité pour obtenir l'augmentation de leur paye. On ajoute que le roi écrivit sur le champ au conseiller, que pour entrer dans ses vues d'économie qu'il ne pouvoit trop louer, il diminueroit un quart de ses appointemens.

Le secrétaire. Oui, l'affaire est arrivée au conseiller T.... J'ai sur moi un extrait de la lettre que le monarque lui a écrite.

Potzdam, le 29 Juin 1785.

» Je remercie le conseiller intime T.... pour » ses bonnes intentions & le conseil économique qu'il m'a donné ; mais je ne le trouve » point acceptable, les pauvres gens dont il » s'agit ayant déja assez de peine à vivre, vû » la cherté générale en ce moment. Son plan » me paroît cependant renfermer de trop » bonnes vues pour le rejetter entiérement, » & je veux le lui appliquer à lui-même en » diminuant mille écus sur ses gages. Au bout » de l'année, il me fera savoir si ce retranchement est avantageux ou préjudiciable à ses » arrangemens domestiques. Dans le premier » cas, je réduirai à moitié son traitement de » 4000 écus, qui est, dans le fait, beaucoup » trop considérable. Il doit regarder cette dis-

» position comme le plus bel éloge que j'aie » pu faire de son zele, de son patriotisme & » de ses idées économiques. J'en agirai de » même envers tous ceux qui m'en offriront » de semblables. «

Le marquis. Le trait est précieux... Ce roi n'étoit donc pas un homme dur, impitoyable, altéré de sang & d'argent, comme on l'a souvent dit.

L'académicien. Non, sans doute. On ne rend jamais une justice entiere aux grands hommes pendant leur vie. L'héroïsme, les exploits guerriers, les grandes & belles actions ne peuvent échapper aux contemporains. La méchanceté cherche vainement à attaquer, à dénaturer les faits; mais elle empoisonne les intentions, elle suppose des vices cachés, des vues blâmables, même criminelles, une ame noire à ceux dont la gloire l'offusque. Il est si difficile de pénétrer dans la vie privée des hommes d'une certaine classe, & de les juger d'après leur vie publique !.... *Frédéric II* n'étoit ni dur, ni inhumain. Je l'ai vu attendri, touché jusqu'aux larmes. J'eus l'honneur d'être admis près de lui, à l'âge de 24 ans. Léger, étourdi comme mes compatriotes le sont ordinairement jusqu'à 30 ans (c'étoit l'opinion de ce monarque ;) je fus enyvré des marques de bonté qu'il daigna m'accorder. *Clément*, banquier de la cour, étoit alors dans les fers; on me persuada qu'il éprouvoit une injustice criante ; sa femme voulant profiter de l'espece de faveur dont je paroissois jouir, me pressa de remettre au roi une lettre remplie des détails les plus propres à l'émouvoir. Elle prétendoit que tous ses mémoires avoient été interceptés avant de parvenir au maître ; je savois que Frédéric aimoit la vérité, qu'il la cherchoit, qu'il vouloit que la communication entre lui & ses sujets fût libre ; le tableau qu'on m'avoit tracé du sort de *Clément* m'intéressoit vivement ; je me chargeai de la lettre & je la présentai à sa majesté. Ce grand homme l'accepta, la lut avec attention, & l'émotion qui parût bientôt sur son visage, les pleurs qui semblerent mouiller ses yeux après cette touchante lecture, me montrerent combien étoit injuste le reproche d'insensibilité, d'inhumanité qu'on lui a fait.

La marquise. Et *Clément* fut-il relâché ?

L'académicien. Non ; il étoit probablement coupable. Le juge pleure sur le sort de celui qu'il punit ; mais il doit être juste avant tout, & la sensibilité ne doit pas altérer sa justice, comme les affections personnelles ne doivent point l'emporter sur la raison d'état.

La marquise. Je déteste votre *raison d'état* ; avec ce mot on justifie toutes les actions des souverains.

Le secrétaire. Toutes les fois que le feu roi de Prusse s'est vu obligé de signer une sentence de mort, on a remarqué que son humeur devenoit triste & mélancolique. Ce prince n'a, dans le cours de sa vie, fait périr que deux hommes par ſon propre ordre. Le premier fut le capitaine de *Zietern*, dans la campagne qui lui valut la conquête de la Sileſie. Sa majeſté avoit défendu ſous peine de la vie, que l'on vît la moindre lumiere dans le camp, paſſé telle heure. Il s'agiſſoit de ſurprendre l'ennemi & de lui donner le change. Le tambour venoit d'annoncer le moment fatal, lorſque le roi faiſant ſa ronde, vit une lueur ſortir de la tente de cet officier. Il entre, & trouve *Zietern* occupé à cacheter une lettre. Le capitaine veut ſe juſtifier, ſe jette aux pieds de ſon maître & implore ſa clémence. Il n'avoit contrevenu à l'ordre que de quelques minutes, & pour terminer une lettre qu'il écrivoit à ſa femme. Je vous donne encore, lui dit le monarque, le tems de rouvrir ce paquet & d'y inſérer deux lignes de plus. Mandez à votre femme que demain à pareille heure vous monterez ſur l'échaffaut. Le capitaine obéit, & au bout de 24 heures il fut exécuté. Voici le ſecond exemple d'une pareille ſévérité que fournit la vie de Frédéric II. A une revue, le roi vit un ſoldat ivre ou forcené plonger ſa bayonnette dans le flanc de ſon caporal. Le monarque fit, à l'inſtant même, appeller le bourreau, dreſſer l'échaffaut & rompre le meurtrier, ſur la place même où avoit été commis le crime qui ne précéda pas d'une demi-heure le ſupplice.

La marquiſe. Le ſcélérat le méritoit, mais le pauvre capitaine Zietern !....

Le ſecrétaire. Je ſens qu'une telle avanture

vous fera encore plus détester cette *raison d'état* qui vous déplaît. Cet exemple terrible a peut-être été la base de l'exacte & févere discipline qui a donné tant de supériorité aux troupes prussiennes.

La marquise. Et ces pauvres soldats que l'on maltraitoit si cruellement, parce que l'un tenoit l'épaule trop haute, l'autre la tête trop basse....

Le secrétaire. Croyez, madame, que le feu roi a souffert, lorsqu'il a été instruit de la dureté des subalternes qui abusent toujours de la portion d'autorité qu'on est obligé de leur confier. C'étoit un mal nécessaire. Il sera adouci sous le regne de FRÉDÉRIC GUILLAUME II, qui, sans craindre de relâchement dans une subordination militaire établie par la sévérité, peut se livrer aux sentimens d'humanité qui caractériseront son regne. Ses premiers ordres ont eu pour objet de recommander l'*humanité* à ses généraux & de demander la *vérité* à ses ministres.

L'*académicien.* Quel regne sera celui d'un souverain qui prend ces deux points pour premiers pivots de son administration! Aucun monarque encore n'a recherché ces titres d'AMI DE L'HUMANITÉ & DE LA VÉRITÉ, que l'on décernera avec transport au nouveau roi de Prusse.

Le secrétaire. FRÉDÉRIC-GUILLAUME les méritera. Un ami m'écrit : l'*humanité s'est assise sur le trône entre* Mars & Thémis. L'un des couriers qui viennent d'arriver, étoit chargé de quelques lettres particulieres. Elles renferment des détails qui font concevoir la plus haute idée du nouveau regne. Le roi a revêtu de ſon propre cordon & nommé gouverneur du Prince Royal, l'un des premiers miniſtres de l'*Europe*, celui qui a reçu les derniers ſoupirs du Grand Frédéric, le baron de Herzberg. Tous les priſonniers qui avoient quelque droit à la clémence du ſouverain, ont été élargis ſur le champ. Tandis que le général Rhodig recevoit le ſerment de la garniſon, le roi travailloit avec ſes miniſtres, & terminoit en peu d'heures, les travaux accumulés de deux jours. Il montre une aptitude pour les affaires, une méthode, une aiſance dans le travail, dont ne peuvent être ſurpris que ceux qui ignorent combien il s'occupoit d'études particulieres, dans le tems qu'on le croyoit livré à ſes plaiſirs. Les perſonnes avec leſquelles le roi s'entretenoit librement, étant prince royal, s'accordent à dire qu'il étoit auſſi inſtruit en politique qu'il s'eſt montré habile militaire dans la campagne en 1778.

La marquiſe. Eſt-il vrai, monſieur, que du vivant même du feu roi, il y a eu une alliance convenue entre les deux cours impériales & le roi de Pruſſe actuel ?

Le marquis. Vous ne vous attendez ſans doute pas, madame, à avoir une réponſe cathégorique à cette indiſcrete queſtion.

Le ſecrétaire. Il eſt très-probable que cet événement accéléra quelques grands arrangetiens politiques, mais on peut espérer qu'ils se feront sans effusion de sang.

Tous les convives. Dieu le veuille !

La marquise. Allons prendre le café. Je ne vous en tiens pas quitte, monsieur, nous reviendrons sur cette intéressante matiere....

On se leva de table & nous suivîmes la marquise dans son petit Sallon.

Le valet-de-chambre qui me donna à laver étoit un bas-normand. Je lui demandai des nouvelles de sa payse, la fille *Salmon*. — Le roman est achevé, me dit-il; la bonne fille étonnée, mais non enyvrée de sa célébrité, est mariée à son amoureux *Savary*. Ils vont jouir en paix des bienfaits de la maison d'Orléans. Une affluence incroyable s'est rendue à *S. Severin*, pour voir la cérémonie. C'étoit un tintamarre, une foule !.... J'ai cru que je ne m'en retirerois jamais. Savez-vous, monsieur, qu'il est heureux pour les nouveaux mariés d'avoir ce que vous appellez des organes épais ? S'ils attachoient autant de prix que certaines gens à la gloire d'occuper le public de soi, le bonheur qu'ils vont trouver dans une vie obscure & tranquille fuiroit loin d'eux à jamais. En les voyant souffrir de cet empressement du public, je pensois à monsieur Linguet, qui, dans le même tems, savouroit au *Palais*, des applaudissemens qui ne signifient rien autre chose que: *Vous êtes bien bon d'avoir fait cent lieues pour venir nous amuser aux dépens d'un grand seigneur, & nous faire rire aux vôtres, quand votre rôle sera joué!....*

Il fallut rejoindre la compagnie. Je quittai mon homme en confessant que ces marauts-là ont souvent plus de bon sens que nous.

LE CAFÉ

*De madame la marquise D***.*

La marquise. Mais, l'*enfant*, ne savoit-on pas chez votre pere une nouvelle aussi importante que cette mort ?

Le duc. Ma belle maman, je vous ai quittée hier fort tard; je suis sorti ce matin de très-bonne heure à cheval, pour aller chez mon sellier avec lequel je me suis disputé pendant trois mortelles heures; j'ai fait en revenant le tour des *Boulevards* au galop; je n'ai eu que le tems de m'habiller à la hâte pour venir vous faire ma cour,......... & je n'ai vu personne.

La marq. Il est odieux que personne de nous ne sût encore cela.

L'abbé C. Voilà ce que c'est que de demeurer *aux Marais (a)*. Moi, madame, je dois être furieux de l'avoir ignoré; mais j'ai eu tout le matin une crise épouvantable de nerfs, & j'avois fait fermer ma porte.

Le duc. Ah oui, l'abbé : en passant devant votre maison, je l'ai vu entrer chez vous, cette

---

(a) Quartier de Paris *éloigné du centre de la ville.*

crise; elle étoit en *Pierrot*, *verd de bouteille* & *queue de serin.* (*b*)

La marq. *L'enfant*, voilà une méchanceté d'un bien mauvais ton.

Le président. C'étoit celui du siecle dernier. Ne quittons pas le nôtre ni le héros qui l'honore. M... nous a raconté deux exemples terribles d'une sévérité que le grand *Frédéric* a cru indispensable. J'en sais un autre exercé, il est vrai, sur un homme qui ne pouvoit plus en souffrir, mais qui prouve que ce monarque regardoit le militaire comme la base de sa puissance. Ce principe a souvent des conséquences fâcheuses pour les peuples. Mars, fier de ses armes, n'emprunte jamais le glaive de Themis. Un officier de la garnison de *Wesel* étoit dans un café hors de la ville; il eut une querelle avec un bourgeois, yvre peut-être, qui le frappa de sa canne. L'officier n'avoit point d'armes; il alla trouver ses camarades; ils tinrent conseil; l'affaire fut bientôt décidée suivant les regles du droit du plus fort. Le bourgeois avoit eu tort sans doute; ce n'est pas ce que l'on considéra; il avoit frappé un officier; il ne méritoit plus de vivre; il devoit périr par le fer de l'offensé. On ne le déclara pas hautement, mais l'officier annonça le dessein de se faire justice; un silence d'approbation tint lieu de sentence. L'officier ne sortit

(*b*) *Deshabillé & couleurs à la mode. Le juste est d'une couleur & le jupon d'une autre.*

plus

plus ſans être armé, non pour ſe battre; il ne s'agiſſoit que d'un bourgeois; mais pour lui faire ſubir la peine due à ſon crime. Il guette le bourgeois, le rencontre & lui paſſe ſon épée au travers du corps. Il va enſuite ſe conſtituer priſonnier; l'affaire eſt portée devant le roi. S. M. décide que l'officier doit être remis en liberté, le cadavre du bourgeois exhumé & traîné *ſur la claie (c)* juſqu'au pied de la potence où il doit reſter pour ſervir d'exemple.

La marquiſe. Avez-vous juré, MM. de ne m'entretenir que de gibets & de bourreaux?

L'abbé C. Ce trait-ci, madame, vous racommodera avec l'eſpece humaine. Un lieutenant-colonel Pruſſien, réformé à la fin de la guerre de 1756, ne ceſſoit de ſolliciter le roi pour ſon remplacement. Il devint ſi importun, que ſa majeſté défendit qu'on le laiſsât approcher d'elle. Il parut un libelle contre le monarque. Tel indulgent que fût le grand Frédéric à cet égard, l'audace de l'écrivain l'offenſa au point qu'il promit 50 Frédérics d'or à celui qui le dénonceroit. Le lieutenant-colonel ſe fait annoncer au roi, comme ayant un rapport intéreſſant à lui faire. Il eſt admis. — Sire vous avez promis 50 Frédérics d'or à celui qui déclareroit l'auteur d'un tel libelle: c'eſt moi. J'apporte ma tête à vos pieds; mais tenez votre parole royale, & pendant que vous punirez le coupable, envoyez à ma pauvre femme, à

(c) En Allemagne on ſe ſert d'une peau de vache.

mes malheureux enfans, la récompense promise au dénonciateur..... Le roi connoissoit déja l'auteur du libelle ; il fut frappé de l'extrémité à laquelle le besoin portoit un officier estimable d'ailleurs. N'importe ! Il s'avouoit coupable. — Rendez vous sur le champ à Spandau, & attendez sous les verroux de cette forteresse les effets du juste courroux de votre souverain. — J'obéis, sire, mais les 50 Frédérics d'or !... — Dans deux heures votre femme les recevra. Prenez cette lettre & remettez la au commandant de Spandau, qui ne doit l'ouvrir qu'après le dîner. Le lieutenant-colonel arrive au terrible château qui lui étoit assigné pour demeure, & s'y déclare prisonnier. Au dessert, le commandant ouvre la lettre. Elle contenoit ces mots. » Je donne le commandement de Spandau au porteur de cet ordre. Il » verra bientôt arriver sa femme & ses enfans » avec les 50 Frédérics d'or. Le commandant » actuel de Spandau ira à *** en la même qualité. Je lui accorde cet avancement en récompense de ses services. *Frédéric.* «

La marquise. Je trouve dans ce procédé autant d'esprit que de grandeur & de justice. Le roi a en même tems puni le mensonge par une prison de quelques momens, & réparé ses torts auxquels, dans le fait, il falloit attribuer la démarche hardie d'un bon officier réduit au désespoir.

Le Secret. La vie de Frédéric offrira une foule de traits de cette espece.

Le président. Oui ; mais on lui reprochera d'avoir tenu avec opiniâtreté à ſes préventions, & de n'être jamais revenu de celles auxquelles il s'étoit une fois abandonné.

Le Secret. Qu'importe, s'il ſe trompoit rarement ! C'eſt un malheur pour les victimes de cette fermeté, mais elle eſt préférable, dans un ſouverain, à la foibleſſe de celui qui, craignant toujours de s'être trompé, donne continuellement priſe aux inſinuations intéreſſées. L'irréſolution & l'inſtabilité ſont des maux bien plus douloureux, & bien plus préjudiciables à une nation, que des injuſtices iſolées.

La marquiſe. Vous avez beau dire, meſſieurs les hommes d'état, je ne comprendrai jamais que le malheur des individus puiſſe être néceſſaire au bonheur du peuple.

Le secret. Un roi pénétré de ſes devoirs eſt le premier individu dont le bonheur doit être ſacrifié à celui du peuple qu'il gouverne. Frédéric en avoit ſans doute fait l'expérience puiſqu'on lui a entendu dire dans ſa maladie : *j'ignore quel rôle je vais jouer dans l'autre monde ; sûrement je ne ſerai point roi : tant mieux.*

L'académic. Il eſt inconteſtable que le meilleur des ſouverains eſt obligé de faire ſouvent du mal, & pour peu qu'il lui reſte de ſenſibilité, elle doit lui faire payer bien cher le plaiſir de faire quelquefois du bien.

L'abbé C. Le docteur Zimmermann le fit ſentir au feu roi de Pruſſe, lorſque dans un moment d'humeur ſur l'inefficacité de ſes remedes, Frédéric lui demanda : *Docteur, avez-vous tué bien du monde dans votre vie ? Pas autant*, lui répondit le médecin, *ni avec autant de gloire que votre majesté.*

Le comte d'U. Je ne conçois pas qu'on puisse parler ainsi à un roi. Moi j'ai fait ma cour à trois grands monarques, *Louis XIV*, *Louis XV* & *Louis XVI*, & je me serois bien gardé d'une telle imprudence. Un roi est toujours l'être le plus parfait qui existe, & c'est un blasphême de....

L'académic. Monsieur le comte fait donc consister la perfection dans la puissance.

Le marquis. Monsieur, en grace, lisez nous votre diatribe contre les rois.

L'académic. Mademoiselle, je n'ai rien en ce genre....

La marquise. Je vous entends, mais ce morceau imité de Lucien, dont on m'a parlé.

L'académic. Le voici : comme aucun des rois vivans ne s'y reconnoîtra, on peut le dire tout haut : » Jupiter se met à table ; il plaisante sa femme ; il adresse des mots équivoques à Venus ; il regarde tendrement » Hébé ; il claque la fesse de Ganimede ; il » fait remplir sa coupe : tandis qu'il boit, il » entend s'élever des cris des différentes contrées de la terre ; les cris redoublent ; il » en est importuné ; il se leve d'impatience ; » il ouvre la trape de la voûte céleste & dit : » la peste en Asie, la guerre en Europe ; la

» famine en Afrique ; de la grêle ici, une
» tempête là, ailleurs un volcan ; puis il re-
» ferme ſa trape, s'enivre, ſe couche, s'en-
» dort, & il appelle cela gouverner le monde...
» Un des repréſentans de Jupiter ſur la terre
» ſe leve, prépare lui-même ſon chocolat ou
» ſon café, ſigne des ordres ſans les avoir
» lus, ordonne une chaſſe, revient de la fo-
» rêt, ſe déshabille, ſe met à table, s'enivre
» comme Jupiter, ou comme un portefaix,
» s'endort ſur le même oreiller que ſa maî-
» treſſe, & il appelle cela gouverner ſon
» empire. «

Le duc. Qu'on eſt heureux d'être roi, n'eſt-ce pas, ma belle maman ?

Le marquis. Non certainement quand on peut s'appliquer ce que M. vient de dire.... Il y a quinze ans, nous n'euſſions pas oſé applaudir à ce morceau.

L'académic. Les gens honnêtes peuvent dire ce qu'ils penſent, quand ils voient les trônes occupés comme ils le ſont à préſent.

L'abbé C. Il ne ſuffit pas que les ſouverains aiment la vérité ; il faudroit qu'ils inſpiraſſent le même goût à ceux qui les entourent, & la Baſtille.....

La marquiſe. L'abbé, que donne-t-on aujourd'hui aux Français : c'eſt mon jour de loge.

L'abbé C. Admirable tranſition ! vous êtes une femme unique, madame la marquiſe. On donne *Virginie.*

Le marquis. Ou le *somnambulisme.* (*d*)

L'académic. Il y a là quelque noirceur que je ne comprends pas.

Le marquis. Votre ami *la Harpe* nous *somnambulise* pour avoir des applaudissemens, (*e*) comme quelques contrôleurs-généraux, pour nous faire délier nos bourses. L'agiotage excité en cachette n'est-il pas un véritable *somnambulisme* qui remet l'argent dans la circulation. Le ministere a trouvé ainsi le secret de faire produire à l'avidité le même effet que d'autres attendoient de la confiance bien plus difficile à exciter. Dans deux cents ans on regardera *Mesmer* comme un personnage fantastique; ses baquets & son magnetisme comme des allégories.

Le président. L'idée est bizarre. Si jamais je passois de l'état de *magnetisé* à celui de

---

(*d*) *Tout le monde sait que le* Mesmerisme *a engendré le* Somnambulisme, *par lequel on endort les gens & on leur fait faire en dormant ce que l'on desire d'eux.*

(*e*) M. de la Harpe *compte si peu sur la bienveillance du public, que, pour faire réussir ses ouvrages, il a pris le parti de les laisser attribuer à d'autres. De cette maniere il endort ses ennemis, il obtient les applaudissemens que les gens honnêtes destinent à l'encouragement des talens encore inconnus, & il assure le succès des* bravo, *des claquemens de mains à tout rompre, dont ses amis étourdissent les spectateurs qui ne sont prévenus ni pour ni contre. C'est ainsi que* Virginie *a eu tous les honneurs d'une bonne tragédie.*

magnetiſant, je ne crois pas cependant que je veuille employer d'autre agent que la confiance.

L'abbé C. Ne jurez de rien, M. le préſident. On ne peut ſavoir comment on jugera les objets en changeant de point de vue. L'abbé Terrai, de dévorante mémoire, avoit, comme l'on ſait, le bon eſprit de ne pas ſe fâcher des obſervations un peu vives que lui faiſoient ſouvent ſes victimes. Il y répondoit même quelquefois par des plaiſanteries. Etant encore conſeiller au parlement, il avoit fait gagner tout d'une voix un procès dont il étoit le rapporteur, à un particulier qui plaidoit contre le domaine. Les adminiſtrateurs ſe pourvurent en caſſation, & dans l'intervalle l'abbé Terrai devint contrôleur-général. Le procès ſe décide & le nouveau miniſtre fait condamner tout d'une voix le particulier. Celui-ci fort étonné va porter ſes plaintes à ſon ancien rapporteur. --- *Mais, monſeigneur, comment eſt-il poſſible que vous m'avez fait perdre aujourd'hui le même procès que vous me fîtes gagner, l'an paſſé, au parlement?* --- *Comment cela*, répond l'abbé Terrai? *Je vais vous l'expliquer : quand j'étois conſeiller au parlement, je voyois les choſes* de bas en haut ; *maintenant que je ſuis miniſtre, je les vois* de haut en bas.

(*On annonce le vicomte de S*** il entre.*)

La marquiſe. Eh bon jour, vicomte ; j'étois fort inquiéte de votre ſanté ; on ne vous a pas vu depuis des siecles ; avez-vous été malade ?

Le vicomte. Non, madame, mais j'ai eu, il y a trois ans, l'honneur de prendre congé de vous pour un tour d'Europe, dont je suis de retour à l'instant.

La marquise. En effet je trouvois inoui que vous puissiez me négliger ainsi. Mais, quelle horreur ! comme vous voilà ! je gage que c'est là un habit allemand.

Le vicomte. Oui, madame, hier à midi, j'étois encore à Bruxelles.

La marquise. Oh écoutons ! qu'allez-vous nous apprendre de l'empereur, du nouveau roi, de la Russie, des Turcs, de l'Empire, de la Hollande ?

Le vicomte. Par-tout où j'ai passé, on croyoit l'empereur trop puissant, le nouveau roi trop sage, la Russie trop adroite, les Turcs trop foibles, l'empire trop divisé, la France trop pacifique, les Hollandois trop.....

La marquise. Pour qu'on ait une guerre à craindre. N'est-ce pas ?

Le vicomte. Cependant on la disoit déclarée entre la Russie & la Porte Ottomane. Il ne faut pas croire au reste que le nouveau roi de Prusse manque d'ardeur & de fermeté. Lorsqu'on lui a demandé s'il vouloit être couronné, il a répondu : *Mes troupes me couronneront.* Il se rend en Prusse ; bientôt après, il ira en *Silésie* pour recevoir la prestation d'hommages. On prétend qu'à cette occasion il pourroit bien y avoir une entrevue non moins importante que l'a été celle de Mohilow. L'ordre qu'à mon départ les miniſtres impériaux aux cours du Rhin ont reçu de ſe rendre ſur le champ à leurs poſtes, annonce que l'on ne tardera pas à voir les affaires de l'empire prendre une conſiſtance ſolide. L'élection d'un roi des Romains ſera ſans doute la premiere opération qui prouvera le rétabliſſement de la bonne intelligence entre les cours de Vienne & de Berlin. Le changement ſubit de conduite du ſtadhouder ſemble auſſi l'annoncer. Après avoir ſi long-tems temporiſé, il vient de donner l'ordre d'employer la force pour mettre à la raiſon les villes récalcitrantes de la Gueldre. C'eſt un premier pas qu'il n'a pu faire qu'avec la ferme réſolution de montrer déſormais une vigueur qui annonce la certitude d'être ſoutenu. Il n'eſt pas probable que le roi de Pruſſe ait voulu s'engager dans une querelle auſſi ſérieuſe, ſans être certain de n'être ni inquiété par la cour de *Vienne*, ni contrarié par celle de *France*. Les démocrates faiſoient cependant courir le bruit que des régimens français accouroient à leur défenſe.

Le préſident. Croyez-vous donc que le roi de Pruſſe veuille faire marcher des troupes pour ſoutenir la cauſe du ſtadhouder?

Le vicomte. Peut-être auſſi ce monarque a-t-il voulu faire ſeulement preſſentir que la médiation du comte de *Gœrtz*, qu'il envoye en Hollande, seroit appuyée s'il le falloit. Il est impossible d'imaginer que le stadhouder & les états de *Gueldres* qui, dans cette affaire, sont une seule & même chose, ayent voulu, sans le consulter, le rompre en visiere aux autres provinces. On sait d'ailleurs que le comte de *Podewils*, ministre de Prusse à Vienne, a de fréquentes conférences avec le prince de Kaunitz, & il est assez naturel de penser que les offres de *Frédéric-Guillaume* sont agréables à l'empereur en ce moment, si même il n'y a point eu entre eux d'arrangement antérieur à la mort de Frédéric II.

L'abbé C. En effet le baron ***, arrivé derniérement de Vienne, m'a assuré que l'empereur ne compte pas infiniment sur un appui très-énergique de la part de sa grande alliée. *Catherine II*, me dit-il, ressemble à toutes les femmes qui, ayant obtenu par des minauderies ce qu'elles vouloient avoir, ne se piquent pas de reconnoissance; mais en chevalier courtois, *Joseph II* cache sa façon de penser & continue d'en être aux petits soins.

Le vicomte. L'alliance des cours de Vienne & de Berlin doit, en de pareilles circonstances, convenir également à toutes deux; mais elles ne supposent point d'atteinte portée à l'union des deux cours impériales. Si en réglant les comptes, il se trouve un solde à se payer réciproquement, la Pologne n'est-elle pas là pour fournir des appoints ? On parloit fort en Allemagne d'un nouveau partage de ce royaume.

Le président. Avouons que l'hiſtoire n'offre point d'époque plus intéreſſante, que celle où nous nous trouvons. Tout paroît marcher à la fois vers un prompt dénouement. Et les affaires eccléſiaſtiques ?

Le vicomte. Il s'eſt tenu à *Ems* une conférence entre des députés des princes eccléſiaſtiques de l'Allemagne, & ils ont fait un travail important ſur trois objets principaux. Il s'agit : 1°. des moyens de détruire entiérement la juriſdiction que les nonces ſe ſont arrogée. 2°. D'expoſer tous les griefs de la nation germanique contre la cour de Rome, & d'obtenir l'intervention de l'empereur pour le rétabliſſement des droits primitifs des évêques allemands. 3°. De préparer de nouveaux arrangemens ſur les objets de diſcipline, par exemple pour les différentes diſpenſes, l'abolition des jours maigres, &c. Le réſultat de ce travail ſalutaire a été mis ſous les yeux du chef de l'Empire.

Le marquis. Ce ſiecle ne ſe terminera donc pas ſans montrer l'utilité des lumieres philoſophiques qu'il a fait éclore.

La marquiſe. Monſieur le marquis demandez ſi mes chevaux ſont mis.

Le marquis. Eh, madame, il y a une heure qu'on a averti.

La marquiſe. Vicomte, donnez-moi la

main ; venez , l'*enfant* , nous allons prendre votre ſœur....

Le vicomte. Vous allez apparemment voir *Virginie* , madame : ſait-on enfin quel en eſt l'auteur?

La marquiſe. Cette piece eſt trop bien pour n'être pas de *la Harpe* , & très-certainement elle eſt de lui , parce qu'elle n'eſt pas mieux.

Le préſident. Nos théatres ſont pauvres en nouveautés.

L'abbé C. Le *Palais* nous en dédommage, monſieur le préſident. C'eſt-là que , depuis quelque tems , on repréſente des drames intéreſſans de toutes les eſpeces.

Le vicomte. A propos , on croit tenir le comte de *la Motte.* J'ai rencontré un courier Italien qui alloit dans le nord. Il m'a dit qu'on avoit mis la main à Naples ſur un français qui s'embarquoit pour la Turquie , & qu'aux diamans dont il s'étoit trouvé muni , on avoit reconnu le voleur du collier.

La marquiſe. Je voudrois bien que ce fut lui , pour ce bon cardinal.....

Le préſident. A cet égard , madame , le cardinal eſt parfaitement juſtifié.

Le vicomte. Que fait-il à la *Chaiſe-Dieu ?*

La marquiſe. Du bien.

L'abbé C. Il en a fait toute ſa vie ; mais ce n'eſt pas un titre pour être heureux. Voyez le préſident *du Paty.*

(On ſe ſépare.)

LES TUILERIES.

Tout le monde ſait que la baronne d'Y.... eſt une femme rare. Ses vertus ajoutent du prix à ſes charmes, aux yeux même de ceux qu'elles déſeſperent. C'eſt l'épouſe la plus reſpectable, la mere la plus tendre, & , ce qui paroîtra contradictoire, la femme la plus aimable dans la ſociété.

La baronne ne ſe ſépare jamais de ſes charmans enfans. Ils n'ont point d'autre inſtituteur que la nature & leur mere. Rarement elle ſe ſépare d'une amie digne d'elle, mademoiſelle *de G....* Elles ont été enſemble chanoineſſes au chapitre de *St Louis* à M.....

Tous les ans, la veille de la *St Louis*, l'amour du français pour ſon roi, attire une foule immenſe au jardin des *Tuileries*. Une muſique bruyante qu'aſſez généralement on n'entend où l'on n'écoute point, eſt le prétexte de ce rendez-vous. Et le Français ſait-il, cherche-t-il même à ſavoir pourquoi on ſe raſſemble ? Le beſoin, la ſoif de la ſociété guide toujours ſes pas. Où va-t-on aujourd'hui ? — A telle promenade, à tel ſpectacle. — J'y cours, vous viendrez avec moi.

J'avois accompagné ces dames au concert nocturne des Tuileries. — Que ce jardin eſt beau, me dit la baronne en voyant l'ombre de la lune en deſſiner l'admirable diſtribution! Un million de promeneurs qui le viſitent dans le courant de l'année, le ſavent, le croyent ſur parole; mais ils n'en connoiſſent que l'allée de chaque ſaiſon. Venons un jour le parcourir dans un moment où il ſera entiérement à nous: jouiſſons-y des plaiſirs de la promenade avant que l'oiſiveté inſenſible à ſes charmes l'ait profanée. Vous le voulez bien, ma chere?

La partie agréée, nous prîmes jour. Le baron devoit nous rejoindre ce matin au pont tournant, en revenant de faire ſon ſervice à Verſailles. Nous l'attendions ſur les bords de cet immenſe baſſin, dont l'œil ne peut apprécier la grandeur. L'habile *le Nôtre* l'a voulu ainſi pour ſauver le vuide formé par les contours majeſtueux de l'extrêmité des terraſſes.

Une gaîté pure animoit la converſation. Un homme de province (l'habitant de la capitale ne s'y méprend point) vint à paſſer. Les deux dames l'eurent à peine apperçu, qu'elles partirent à la fois d'un éclat de rire qui m'étonna.
— Vous êtes bien peu charitables, meſdames!
— Ecoutez, me dit la baronne, l'hiſtoire que cet original me rappelle, & vous rirez avec nous. C'eſt l'avocat *Par*.... de *M*.... Il eſt prévenu auſſi avantageuſement en faveur de ſa figure que ſon confrere *Ar*.... l'eſt en faveur de ſon eſprit. Ces deux amis ſe perſuaderent un jour qu'ils nous avoient inſpiré le déſir de faire leur connoiſſance. Nous les avions vus dans notre égliſe, à un moment où les étrangers y

paroiſſent rarement : ils avoient pris pour des agaceries les rires étouffés qu'excitoient leurs minauderies & leurs manieres affectées. Ils revinrent ; nous nous égayions chaque fois à leurs dépens ; ils ſe enhardirent, & nous donnant la pomme à mademoiſelle de *G*.... & à moi, ils oſerent nous écrire des lettres. De jeunes folles ſe fâchent rarement des hommages qu'on leur rend. Ceux-là ne nous parurent que ridicules ; nous concertâmes notre vengeance avec nos camarades, & il fut réſolu de myſtifier pleinement nos amoureux. Un bal qui ſe donnoit à l'abbaye nous en fournit l'occaſion. Nous fîmes dire aux deux avocats qu'ils pouvoient y venir. Cette invitation & l'accueil que nous leur fîmes acheverent de leur tourner la tête. Cependant monſieur *Ar*.... eut le bon eſprit de s'eſquiver avant la nuit. Je me hâtai d'engager à ſouper celui que vous venez de voir. Je lui dis d'aller m'attendre chez moi, l'aſſurant que j'irois le rejoindre dès que je pourrois m'échapper du bal. Ma femme-de-chambre avoit le mot. Elle le reçoit, l'entretient de ſon mérite, de l'eſtime qu'il paroît m'avoir inſpirée. Le tems s'écouloit ; mon homme commence à prendre de l'impatience. Dix heures ſonnent. Il prie mademoiſelle Léonore d'aller s'informer de la cauſe de mon retard ; elle revient : — Madame eſt au déſeſpoir de vous faire attendre, mais elle ne peut encore quitter le bal ; elle craint que l'on ne trouve de l'affectation dans ſa retraite.... La danse étoit finie depuis long-tems: nous étions toutes dans une piece voisine ; le pauvre avocat auroit pu entendre les éclats de rire qui nous échappoient à ses dépens : la pendule annonce minuit. — monsieur, monsieur ! le suisse va fermer les portes ; il est impossible que vous restiez plus long-tems ici.... Je ne puis vous peindre le désespoir de notre amoureux : — Il faut donc m'éloigner sans la voir !... Mademoiselle Léonore, dites-lui bien que je l'adore, dites-lui.... — Oui, monsieur, je lui dirai tout cela.... *La Fleur*, *Saint-Jean*, *la Pierre*, éclairez monsieur jusqu'à la rue. Aussitôt 7 à 8 grands laquais se présentent avec des flambeaux & conduisent mon homme à travers la grande cour ; le pauvre mystifié se confondoit en remercîmens de leur attention incommode, sans s'appercevoir que derriere les laquais étoient toutes les dames chanoinesses avec les cavaliers qui avoient composé le bal & le grand souper que madame l'abbesse avoit donné.... — Je ne puis, reprit mademoiselle G....., m'empêcher d'en rire, quand je me rappelle cette mystification ; mais il faut avouer qu'il n'y a pas là de quoi tant se vanter. Il est cependant bon que l'on donne quelquefois à ces petits messieurs des leçons de cette espece. A R...., un S. *d'A*.... exempt de maréchaussée en a eu une bien plus mortifiante. Les marques de bienveillance qu'il avoit reçues du chapitre l'enyvrerent au point qu'il eut un jour la témérité de préparer un bal pour les chanoinesses

noineſſes. Elles reçurent l'invitation, mais elles y envoyerent leurs femmes-de-chambre....

L'arrivée du baron fit changer la converſation. On parla de la cour. Il nous raconta un trait qui peint la vertu ſévere de notre monarque. Monſieur de *Chalabre* qui taille au pharaon a une telle habitude de manier les rouleaux de louis, qu'il s'apperçut un jour qu'un ponte lui en paſſoit un qui n'étoit pas complet. Il le mit dans ſa poche. Une dame qui ſe trouvoit près de lui le badina là-deſſus, prétendant qu'on ne pouvoit plus douter qu'il ne cherchât à diſſimuler ſon gain. Le roi l'entend, pénétre la vérité & ordonne à M. de Chalabre de lui donner le rouleau. Sa majeſté le compte elle-même & y trouve un louis de moins qu'il n'étoit marqué. Elle conſidere les joueurs & voyant rougir un garde du corps, l'interroge. Celui-ci avoue que le rouleau vient de lui. Le monarque l'a fait arrêter, & a décidé que, s'il eſt coupable, il perdra ſa liberté pour toujours. On fait des vœux pour qu'il ne le ſoit que d'un mécompte pardonnable.

La promenade nous conduiſit ſur la terraſſe où l'on fixe les deſtinées des empires. On voyoit déja les nouvelliſtes ſe raſſembler armés de cette foule de gazettes, qui nourrit l'oiſiveté de tant d'êtres inutiles. La baronne propoſa de nous aſſeoir à leur portée, pour nous amuſer de leurs diſcours. Voici à peu près ce que nous entendîmes :

Nouvelliſte A. Réſumons nos récoltes,

messieurs ! Il me paroît clair que de trois choses l'une : ou la France se trouve seule contre les deux cours impériales & le roi de Prusse réunis ; ou le nouveau roi contre nous & les cours impériales ; ou bien les quatre puissances sont d'accord entr'elles.

Nouvelliste B. Eh non, messieurs, vous n'y êtes pas ! L'empereur ne s'est jamais livré à la cour de Russie qu'avec la certitude de trouver un jour dans le successeur de Frédéric, un contre-poids pour les vues ambitieuses de son alliée, si elles venoient un jour à contrarier ses desseins. Je ne serois pas étonné de voir JOSEPH & GUILLAUME réunis pour détourner toute influence de puissances étrangeres sur les affaires d'Allemagne.

Nouvelliste C. Si j'admets une partie de votre supposition, monsieur, je nierai absolument l'autre. Les liens de toute espece qui nous unissent à la maison d'Autriche sont indissolubles, & il est impossible que la rivalité des cours de Vienne & de Berlin cesse si promptement. Leurs intérêts respectifs sont absolument opposés, & les deux ministeres sont ennemis irréconciliables. Joseph est tranquille, parce que depuis long-tems il est prêt à entrer en campagne. Au camp de Minkendorf, un officier espagnol lui témoignoit son admiration pour la beauté & le bon état de ses troupes. Il est vrai, répondit l'empereur, que j'ai la plus grande confiance dans mon armée ; &, ajouta-t-il en montrant *Lascy*, *Haddick* &

Laudon, j'ai depuis la mort de Frédéric, les trois plus grands généraux de l'univers.

Nouvelliſte A. Je ne vois pas ce que tout cela prouve. Ne ſait-on pas auſſi qu'à ſes camps l'empereur a fait un accueil particulier aux officiers anglois? Cela n'annonce pas cette inclination pour la France, que vous lui ſuppoſez, & l'on aſſure au contraire.....

Nouvelliſte C. La fureur de deviner les vues politiques des ſouverains par quelques démarches publiques, même d'après des affections particulieres qui ne ſont jamais prouvées, nous a fait ſouvent donner dans le *pot-au-noir*. Moi, je vous répete qu'il y aura guerre un peu plutôt ou un peu plus tard; que le coup de canon de *Hattem* en eſt le premier ſignal; que la Ruſſie, la Pruſſe & l'Angleterre ſe réuniront enſemble & que vous verrez les maiſons de Bourbon & d'Autriche ne point ceſſer de faire cauſe commune.

Nouvelliſte B. Eh non, monſieur, vous n'y êtes pas! moi, je vous dis que tout a été arrangé, prévu, concerté d'avance, pour qu'aucun événement poſſible ne trouble la paix.

Nouvelliſte A. Des faits; des faits. Encore un coup, raſſemblons nos récoltes.

Nouvelliſte B. L'affaire de *Hattem* n'eſt pas auſſi tragique que l'on a voulu le faire croire. C'eſt une ſimple opération de police intérieure des états de *Gueldre*, & il paroît qu'elle ſera l'occaſion d'un arrangement ſolide entre les deux pouvoirs qui diviſent la Hollande.

Les ministres de France, de Vienne & de Berlin qui se réunissent à la Haye, formeront un congrès de médiation & de conciliation.....

Nouvelliste C. La conciliation est impossible. Ce que vous appellez une opération de police est une hostilité réelle du pouvoir exécutif contre le souverain même. Si le Stadhouder veut conserver la force en même tems qu'on lui ôte le droit d'en disposer; s'il l'employe contre ses commettans; ce congrès conciliatoire ne pourra pas plus légitimer sa conduite que forcer ceux-ci à l'approuver, à revenir sur leurs pas, à rendre leur confiance à l'administrateur qui n'y compte plus, puisqu'il a déja fixé son séjour loin du centre des Provinces-Unies. Vous avez vu qu'il s'est retiré à Nimegue, à deux pas de Wesel. D'ailleurs les intérêts des puissances qui s'en mêlent sont évidemment en opposition sur cet article. Il faut que l'épée en décide. Le stadhouder ou le peuple doit former en Hollande le seul souverain; & cette alternative est si peu indifférente pour les puissances voisines que j'en vois résulter une autre à leur égard: une guerre générale ou un partage des possessions de la république.

Nouvelliste B. Eh non, monsieur, vous n'y êtes pas! On voit déja les deux partis qui la divisent en pourparlers, & le comte de *Gœrtz*.....

Nouvelliste C. Oui, le comte de *Gœrtz* a l'ordre de passer en Angleterre, après avoir commencé sa mission près des états-généraux.

Croyez-vous que cette isle produise le baume anodin qui calmera l'effervescence du sang des démocrates Hollandois ?

Nouvelliste A. Guillaume II doit nécessairement prendre chaudement à cœur la cause de son beau-frere, mais il est trop sage, trop juste, trop humain pour ensanglanter sa médiation. Attribuons aux intérêts étrangers à la Hollande, la guerre dont il faut avouer que ses troubles intérieurs pourroient être le prétexte & l'occasion. Ce prince montre dans toutes ses démarches une sagesse, une modération dignes des plus grands éloges.

Nouvelliste C. Sa conduite religieuse depuis son avénement au trône, en fournit une preuve. Le déisme encouragé par le feu roi avoit fait de tels progrès que des prédicans l'annonçoient en chaire. On en a vu prêcher ouvertement contre le Christ & contre l'immortalité de l'ame. Cela paroît incroyable, mais tout Berlin en a été témoin. Le nouveau roi, convaincu que l'excès est nuisible en tout, a arrêté ce désordre, non seulement par son assiduité au service divin, mais même en ordonnant expressément que tous les prédicans ne s'écartassent plus de l'évangile, & que chacun eût à suivre, comme il convient, sa religion, telle qu'elle fût. Ainsi la piété concourt, dans ses états, à protéger la tolérance, sans préjudice pour elle-même.

Nouvelliste A. Le roi de Prusse prenoit du vivant de son oncle, le soin de noter les fautes de Frédéric III. Son premier ſoin, dès qu'il s'eſt vu le maître, a été de conſulter ſes tablettes. Des gens oubliés, déſobligés ou diſgraciés jadis ont été fort étonnés de recevoir des marques de bienvaillance, de faveur même, de la part du monarque. Les rois, malgré toute leur bonne volonté, deviennent trop ſouvent les inſtrumens de la calomnie. L'aſtuce de celle-ci vient d'être déconcertée publiquement à Berlin, où les honnêtes gens voyent avec bien de la ſatisfaction les larmes du déſeſpoir ſe changer en celles de la reconnoiſſance.

Nouvelliſte D. Pardon, meſſieurs, d'être venu tard. L'eſpoir de vous apporter d'importantes nouvelles m'a retenu. J'ai paſſé à l'hôtel D***. Il eſt arrivé cette nuit un courier de la Haye qui a fait une diligence extraordinaire. Je veux être un ſot, ſi avant l'hiver nous n'avons encore les plus beaux récits de batailles, de ſieges, de marches & de contremarches, à commenter. Le roi de Pruſſe veut abſolument que le Stadhouder ſoit réintégré dans ſes droits ; les troupes de Weſel ſont prêtes à marcher ; les nôtres vont recevoir l'ordre d'aller au devant.... Eh bien ! ne vous l'ai-je pas toujours dit ?

Nouvelliſte B. Eh non, monſieur, vous n'y êtes pas. Le roi de Pruſſe eſt trop ſage pour ne pas ſuivre les erremens de ſon oncle. Sa voix eſt trop redoutable pour qu'il n'ait pas eſpéré qu'elle réuſſiroit à amener les Hollandois à des moyens de conciliation. S'il n'eſt pas aſſuré de l'amitié de l'empereur, il ne riſquera pas d'avoir la guerre à ſoutenir à toutes les extrêmités de ſes poſſeſſions. S'il eſt uni avec la cour de Vienne, la France ne s'en mêlera que par la voie de la négociation qui lui a ſi bien réuſſi juſqu'à préſent.

Nouvelliſte D. Vous ne ſavez pas, monſieur, que la province de Hollande a froidement écouté ſes menaces. Ses députés ont déclaré qu'elle ne changeroit rien à ſes réſolutions précédentes. Auroit-elle cette fermeté ſi elle n'étoit bien aſſurée de l'appui de la France?

La diſpute s'échauffant & n'offrant plus à nos oreilles qu'un bruit confus de mots vuides de ſens, nous nous levâmes & nous continuâmes notre promenade en riant de bon cœur.

LA SOIRÉE

DES TUILERIES.

Je ne me pique pas d'avoir autant de philoſophie que la baronne d'Y. L'art ne peut embellir la nature que de ſes propres charmes, & les plus précieux manquent aux promenades ſolitaires. J'avoue bonnement que les effets d'une heureuſe diſtribution d'allées, de gazons, de fleurs & de baſſins ne m'inſpirent qu'une froide & ſtérile admiration. Quoi de plus triſte que ces monotones beautés ! Quoi de plus raviſſant que ces triples rangs de femmes charmantes qui bordent la belle allée des *Tuileries*, dans une ſoirée d'été, dans les jours les plus ſereins de l'automne & du printems ! Tous ces groupes variés à l'infini qui ſe décompoſent ſans ceſſe pour ſe recompoſer mutuellement établiſſent entre un millier de cercles différens une circulation continuelle de connoiſſances, d'idées qui s'accroiſſent, ſe développent en paſſant d'un groupe à l'autre avec les membres toujours voltigeans de ces différentes ſociétés. L'eſprit ſe repaît, s'électriſe en même tems que les yeux ſe réjouiſſent du plus beau ſpectacle qu'aucun rendez-vous public puiſſe offrir en aucun pays du monde.

Comment eſquiſſerai-je ce tableau ? La forme du dialogue eſt trop lente, celle de récit trop froide. Suivez-moi, lecteur : écoutez & tâchez de saisir ce que ma mémoire me dicte. Je veux être concis & rapide. Devinez les personnages de la scene que je vais tracer. L'idée de méthode me tue. Ma plume doit voler comme tout ce qui a frappé mon oreille & mes yeux dans la délicieuse soirée d'hiver.

A peine étois-je assis au pied du quatrieme arbre de la grande allée des *Tuileries* que cinq à six amis venant de différens côtés prirent place auprès de moi. Les nommerai-je ? Eh, bon dieu ! Ils n'y resterent pas une minute. Cent fois mon cercle se renouvella dans la soirée. Je le confesserai : il fallut toute la fermeté de la résolution que j'avois prise d'observer, &, à parler vrai, les vives douleurs d'une foulure que je m'étois faite au pied en descendant de voiture, pour me faire rester trois mortelles heures au pied de mon arbre.

--- Qu'as-tu donc, chevalier ? Te voilà engourdi sur ta chaise comme un académicien dans son fauteuil. --- Ne vois-tu pas qu'il observe ? On dit qu'il fait un livre. ----- Oh ! il n'est donc pas encore académicien. --- Chevalier, je te défie de faire un plus beau livre que les *Thuileries*. Vois cette blonde en *Chapeau-bonnete* de gaze jaune à mouches noires : c'est un traité complet de volupté. Je soupe avec elle ; je t'en promets l'analise.... Cet homme à la mine alongée ; c'est un agioteur qui a rempli son porte-feuille d'actions de la compagnie des eaux ; donne-nous, si tu le peux, un meilleur chapitre contre l'avarice..... Ah, voici un frippon qui m'a promis cent louis pour ce soir.... Adieu. --- Ce chapitre-là servira d'introduction à celui de la volupté, & prépare le chapitre des regrets. ---- Eh, vous voilà, mon cher chevalier, je vous croyois à votre régiment. N'avez-vous donc pas reçu l'ordre de rejoindre au plus vîte ? --- Je n'ai entendu parler de rien. --- Vous ferez mes complimens au Stadhouder. --- Bon, ne donnez donc pas dans ce *godan* là ! Sous notre gouvernement on est immortel : sans les duels & quelques pleuresies par-ci par-là, on n'avanceroit jamais. ---- N'ayant plus l'occasion de nous faire tuer, il n'y aura pas assez de bénéfices pour la noblesse ; il faudra que ceux qui n'auront pas de goût pour la charrue se fassent bourgeois ou auteurs. --- On voit déja une foule de marquis sur les degrés du Parnasse. ---- Les marquis font bien de devenir auteurs, car les auteurs ne deviennent gueres marquis. ---- A propos sais-tu que les ouvrages du comte de *Mirabeau* ne sont pas de lui ? --- On le dit : quant au fond. Un écrivain n'a pas toujours le tems d'étudier, de méditer ; mais on n'ôtera pas à celui-là sa maniere, son stile, sa chaleur. ---- Il faut bien que les auteurs prennent quelque part le fond de leurs ouvrages ; dans d'autres livres ou dans la société. L'homme ne crée rien ; il ne peut que combiner, & ces combinaisons seules produisent même les idées soi-disant neuves. --- Ma foi, le *libertin de qualité* est copié d'après nature. ---- A propos un journaliſte allemand s'aviſe de prôner cet ouvrage comme un traité de philoſophie.... ---- Morale apparemment ? Sur ce pied *Thérese* peut paſſer pour un livre théologique....

L'abbé V***. paſſoit. Il ſe précipite ſur une chaiſe au milieu de nous. ---- Vous parlez de théologie, meſſieurs ? Je proteſte. Voyons ; de quoi s'agit-il ? Ah parbleu, chevalier, je ſuis ravi de te voir. Madame *N****. m'a chargé de te rappeller ce petit chien que tu lui as promis. --- Tiens, l'abbé te myſtifie ; il lui en a porté un charmant ce matin. --- Ah, l'abbé, que je vous conte une bonre hiſtoire ! *Dupont* ce petit fat, le fils de ce riche uſurier que nous connoiſſons tous, a été hier promener ſon élegant *Vicki* (*f*) ſur la route de Fontainebleau. Le marquis *D***.* enveloppé dans ſa levite étoit à la poſte d'Eſſone & liſoit le pamphlet du jour, en attendant qu'on eût raccommodé un reſſort de ſa voiture. Mons Dupont entre, ſurmonté d'une *grecque* (*g*) auſſi large que ſes épaules au milieu deſquelles pendoit une natte *à la Panurge*, l'habit fermé juſqu'au nombril, les mains dans les poches. Il s'approche du marquis. *Bonjour, monſieur, que liſez-vous là de bon ? des comédies ?* --- *Oui, monſieur Dupont*, LE CURIEUX IMPERTINENT. Le

---

(*f*) *Voiture à la mode, exceſſivement élevée.*
(*g*) *Toupet tapé.*

marquis avoit eu le tems de lire le nom de ſon homme ſur ſes énormes boutons. (*h*) Jugez de la confuſion du *catogant* qui entendit en même tems nommer le marquis par ſes gens.... --- Le vieux *Dupont* a fait payer cher au marquis D***. le droit de donner des leçons à ſon fils. - -- Regardez cette nuée de *badauds* qui ſe porte là bas ! --- Vicomte, qui ſuit-on ? ---- *Linguet*. ---- Celui-là devroit bien être dégoûté de la célébrité ; elle va le priver de la promenade aujourd'hui. L'autre jour elle lui a valu une bonne bourrade d'une ſentinelle du *Palais*, dans la foule qui accouroit pour l'entendre. Il a failli en mourir. Il eſt dans ſa deſtinée d'être repouſſé de toutes les manieres du temple de *Themis*. ---- On dit qu'il eſt chargé de reconſtruire celui des Pays-Bas. ---- Oui : JOSEPH *le Sage*, comme le baron de *Cloots* appelle à ſi juſte titre l'héritier de *Marie-Thérefe* (*i*), l'a donné au baron de Martini pour le ſeconder. --- La philoſophie qui honore ce ſiecle a germé en France, & elle n'eſt

(*h*) *Ces boutons larges comme des écus de ſix francs portent chacun une lettre de l'alphabet. On les diſpoſe de maniere à avoir toujours ſon nom devant ſoi. Par ce moyen on peut rafraîchir la mémoire de ceux qui oublie le leur. Mad. *** dit l'autre jour à un homme de qualité qui lui manquoit :* Mon ami, je recommanderai à votre maître d'ôter ſes boutons quand il vous permettra de porter ſes habits.

(*i*) *Vœux d'un Gallophile.*

chez nous qu'un foible arbriſſeau qui ne porte point de fruits.----Sous le ſoleil vivifiant de *Vienne*, il a fait des progrès rapides. JOSEPH II ne ceſſe de détruire les inſectes qui, partout ailleurs, rongent encore ſes racines. Ses états montrent ce que peut, ſans le ſecours du tems, un ſouverain qui ſait à la fois concevoir, exécuter & maintenir.--- Le recueil des ordonnances de *Joſeph*, ſera pour les légiſlateurs ce que les commentaires de Jules-Céſar ſont pour les guerriers.---- Maintenir, en matiere d'adminiſtration, eſt plus difficile qu'entreprendre. *Joſeph* raffermit de plus en plus les fondemens de l'édifice qu'il conſtruit; toutes les pierres en ont été habilement taillées, & l'harmonie qui exiſte entre toutes les parties de ſon vaſte plan, en garantit la ſolidité.---Qu'il eſt agréable pour un homme digne de concourir à ces grandes vues, de ſervir un tel ſouverain! ---- Il s'agit d'une réformation totale dans l'ordre judiciaire & dans la juriſprudence des Pays-Bas. FRÉDÉRIC avoit eſſayé d'impoſer des loix à la chicane; JOSEPH renverſe ſes aſiles; il terraſſe ſes miniſtres comme ceux de la ſuperſtition. Des capitaines du cercle déja nommés entretiendront le bon ordre dans leurs diſtricts; un nombre limité de cours de juſtice formées de gens integres & éclairés, remplacera cette multitude de tribunaux ſubalternes où l'ignorance ſiege ordinairement à côté des préventions perſonnelles....

La converſation s'étant montée ſur un ton ſérieux, les jeunes foux s'étoient éclipſés & monſieur de St. O. s'arrêta près de nous. Je lui demandai s'il croyoit à la guerre. ---- Il faudroit pour la craindre, voir que celui qui peut y donner lieu, a un grand intérêt à la faire. --- Mais, reprit le vicomte qui brûle d'entrer en campagne, ſi le roi de Pruſſe s'entend avec l'empereur, il peut ſans riſque ſervir vigoureuſement ſon beau-frere : ſi l'empereur eſt contre lui, il ne peut éviter d'avoir une guerre à ſoutenir, & il fera bien de rompre dans une occaſion qui lui donne l'Angleterre & la Ruſſie. Remarquez que le premier mot de l'ordre qu'il a donné a été *Weſel*, & que la démarche hardie du Stadhouder date de l'époque où il a pu être poſitivement inſtruit des intentions du nouveau roi. D'autre part la province de Hollande ne badine point; elle a ſuſpendu le Stadhouder de toutes ſes fonctions. Voudroit-elle réſiſter ſeule aux forces réunies de la Pruſſe & de l'Angleterre ? Laiſſerons-nous paſſer à notre rivale l'influence que nous avons acquiſe ſur une puiſſance maritime qu'il nous eſt ſi eſſentiel de conſerver ? --- Mon cher ami, répondit monſieur de St O. je ne doute point que la France n'intervint avec des forces redoutables, ſi quelque puiſſance étrangere vouloit employer les ſiennes pour régler à ſon gré les affaires intérieures de la Hollande; mais ne vous perſuadez pas que GUILLAUME II riſque jamais d'embraſer l'Europe pour les ſeuls intérêts du Stadhouder ? J'aimerois mieux croire que le faiſceau de la Hollande ſe délicra de lui-même... Quant à l'empereur, ſes liens avec la France, & ſes projets connus doivent diriger nos conjectures ſur la parfaite neutralité qu'il conſervera en cette occaſion. Ce monarque a de puiſſantes raiſons de conſerver notre alliance, & il n'en a point de guerroyer avec le roi de Pruſſe. On prétend que l'élection même d'un roi des Romains lui tient fort peu à cœur, puiſqu'il pourroit lui être avantageux de ſe ſéparer du corps Germanique, en déclarant ſes états indépendans après les avoir arrondis par les échanges dont il n'a point abandonné le deſſein. Il paroît que ſes projets ſont concertés avec la France, & je conçois que leur exécution peut avoir lieu ſans effuſion de ſang.... --- N'eſt-ce pas là un de ſes rêves politiques dont on berce les oiſifs ? --- Peut-être : mais il n'eſt pas invraiſemblable. Les gabinets n'ont pas entiérement perdu de vue le projet d'un grand homme d'état qui vouloit diviſer l'Europe en un petit nombre de monarchies entre leſquels des intérêts ſagement combinés conſerveroient la paix....

Le vicomte que ce mot de paix déſole, nous aſſura que la France avoit fait déclarer au roi de Pruſſe, qu'au premier mouvement que ſes troupes feroient du côté de la Hollande, elle enverroit une armée formidable ſur les bords du Rhin. Peut-on, ajouta-t-il, méconnoître les intentions du nouveau roi, en voyant la maniere dont on nous traite dans une gazette publiée ſous ſon autorité ? *Des émiſſaires connus parcourent les villes de la république , & verſent l'argent à pleines mains , pour acheter les voix & pour hâter la révolution méditée.... Cette révolution n'eſt qu'une ſuite de celle de l'Amérique..... Il eſt à ſouhaiter que l'on étende à d'*autres contrées , l'avantage ineſtimable de la démocratie pure , *que l'on aura aſſuré à vingt provinces , tant en Europe que dans le nouveau continent. Il eſt dans l'ordre que l'on ſe procure d'abord , ou après , à ſoi-même , un bien précieux , dont on fait jouir les autres....* --- Vicomte , dit monſieur de St. O. en ſe levant , il y a loin du ſarcaſme au canon : ſuppoſez que de quelque démembrement , on forme une principauté indépendante en faveur du Stadhouder ; tout le monde ſera content. --- Excepté l'Angleterre, la France & l'empereur , cria le vicomte !....

L'affluence des promeneurs s'étoit tellement augmentée que nous fûmes obligés de ſuſpendre notre entretien. Le piétinement , les voix , le froiſſement des robes , font un bruit ſourd dont il eſt impoſſible de n'être pas étourdi. Et comment conſerver ſon attention , lorſqu'un tableau mouvant qui ſe renouvelle avec une rapidité ſans égale vous préſente ſans ceſſe de nouveaux objets dignes de la captiver. Bientôt nous nous trouvâmes renfermés au milieu d'une enceinte de cercles divers , dont les converſations découſues acheverent de nous réduire

réduire au ſilence. J'aurois voulu tout voir, tout entendre. L'éloge du brave *Suffren* me frappa. Les grandes vertus & les belles actions ne perdent rien de leur prix chez ce peuple que l'on accuſe de frivolité. Le commandeur de Suffren n'eſt pas moins reſpectable comme citoyen, comme homme, que comme guerrier. Son projet d'enrichir la France de ces fabriques de mouſſeline qui font paſſer dans l'Inde tant d'or européen, n'a point réuſſi, parce que les Indiens qu'il a amenés ont été mal traités. La douceur naturelle à cette nation, a fait naître le dégoût, ſous l'autorité d'un directeur qui a cru avoir des eſclaves à conduire. On les a tranſportés dans une autre fabrique, & le ſuccès de cette entrepriſe ne paroît plus douteux. Mais ce qui doit faire un honneur éternel à monſieur de Suffren, c'eſt le projet d'établir l'ordre de Malte dans l'iſle de Minorque, & de l'employer uniquement à la deſtruction des pirates barbareſques. On eſpere que l'Eſpagne ne ſe refuſera point à ce plan, & les chevaliers de Malte trouveront ſans doute auſſi beau de combattre pour l'*humanité* que pour la *religion*.

Des éclats de rire indécens me détournerent malgré moi de cette intéreſſante converſation; je regardai à ma droite: c'étoit une troupe d'extravagans qui s'égayoient ſur les affaires de la Hollande. J'entendis propoſer dans ce ſénat burleſque de contenter les patriotes en renvoyant le Stadhouder dans ſes biens de famille, le roi de Pruſſe en nommant la princeſſe d'Orange capitaine-général de la république, &c.

Comme le Français ne peut mieux finir ſa journée que par une gaîté, je me retirai là-deſſus, en méditant ſur le bonheur réel de s'amuſer de tout.

L'OPERA.

Ces femmes ſont incroyables. Mlle*** réſiſte pendant deux mortelles années à une famille entiere ; on veut lui donner le duc de*** que tente ſon immenſe fortune : il lui faut ſon cher préſident qui n'a que le mince revenu de ſa charge, mais une jolie figure &c., dit-on, de l'eſprit. On confine ma jeune entetée dans un couvent ; elle veut prendre le voile ; elle arrache ſes beaux cheveux ; on cede enfin ; la voilà depuis deux jours madame la préſidente. Qu'arrive-t il ? Je parois ; le grave magiſtrat n'a plus que la moitié de ſa conquête. Heureux encore ſi cette moitié lui reſte.

Hier, pas plutôt qu'hier, je trouve la préſidente dans un triſte ſouper de grands parens. Je me monte, j'étois content de moi : on le fut auſſi ; du moins on m'accabla de choſes flatteuſes. J'entendois chuchoter que j'avois *les formes* tout à fait aimables. Il n'y avoit gueres que la préſidente qui valut mes hommages, je vis qu'ils ſeroient bien reçus : le mari enchanté de moi, preſque autant que ſa délicieuſe femme, m'invite. Je n'ai garde de réſiſter. Hélas ! la pauvre préſidente n'y penſoit mal, mais le haſard & l'amour s'entendent toujours pour nous favoriſer, nous autres qui savons si bien user de leurs bienfaits ! l'univers couroit au nouvel opera. Dans le moment même où le président introduisoit sa chere moitié dans leur petite loge, je me trouve là pour saisir l'autre main. Que ne puis-je peindre l'émotion & la surprise de cette charmante novice ! C'est là le moment de notre triomphe, quand ce sexe adorable tout entier au sentiment n'a pas le tems d'écouter la réflexion. Mais en vérité la présidente, pour son coup d'essai, ne s'en tira point mal ; j'eus le tems de savourer ce premier gage de *son goût* pour moi, & je prolongeai ma jouissance à mon gré tandis que l'admirable époux, comme l'auroit fait un homme consommé dans l'art conjugal, promenoit ses regards dans la salle, tenant toujours la main que je lui abandonnois.

J'entre dans la loge : bientôt la comtesse d'Artic & le marquis d'Essard viennent s'y placer. D'honneur nos femmes ont la science infuse. Qui auroit cru que notre jeune présidente, au sortir d'une prison de deux ans avec d'ennuyeuses bégueules, fût sitôt au niveau de la société ! ses progrès ont été aussi prompts dans la politique, dans la littérature, que, comme on vient de le voir, ils l'ont été dans la morale. On a parlé de tout, elle a jugé sur tout, & combien d'anecdotes ne savoit-elle pas déja ? C'est elle qui nous apprit l'aventure du pauvre Baural. Il se trouvoit, dans la ville où son régiment étoit en garniſon, un dragon de vertu, une de ces filles rares devant qui doivent échouer les ſéducteurs les plus exercés. C'étoit la fille unique d'un conſeiller veuf depuis long-tems. On regardoit cette forteresſe comme imprenable, & tous les aimables du régiment avoient réſolu de ne plus perdre près d'elle des momens précieux. Baural, qui juſques là avoit été occupé ailleurs, dit un jour à ſes camarades que la belle n'avoit sû ſe garantir ſi long-tems du ſort de ſes pareilles, que parce qu'il ne l'avoit pas attaquée. Ce propos pique un jeune capitaine dont le cœur étoit réellement pris. Baural parie qu'avant quinze jours la charmante perſonne ſera ſienne. La gageure eſt acceptée; vingt camarades en ſont témoins & jurent ſur leur honneur de ne rien faire qui puiſſe nuire à la vigoureuſe attaque dont celui de mademoiſelle *** étoit menacé. --- Mais comment s'aſſurer de la victoire de Baural? S'en rapportera-t-on à ſa parole?--- Non, MM. je ferai plus. Vous connoiſſez la fenêtre de la chambre qui recele pendant la nuit les charmes que je vais conquérir : avant deux ſemaines vous y verrez les premiers rayons du ſoleil éclairer un ſigne non équivoque de mon triomphe. Vous ne vous y méprendrez point en reconnoiſſant la partie de mon habillement qui y ſera ſuſpendue. Tenez! je fais vœu de ne le dépouiller....--- Arrête, Baural, s'il ne s'agit que de ſe vanter aux dépens de la fille, paſſe; mais il s'agit d'un pari : diable ! tu es un homme d'honneur ; nous te croirons..... Le onzieme jour, Baural rassemble ses camarades. -- MM. demain avant l'aurore, passez sous les fenêtres du bon conseiller, vous verrez mon signal à l'endroit convenu. Alors faite préparer le festin ; à midi nous boirons à la santé du bon papa & de la belle enfant..... En effet les ombres de la nuit en se dissipant manifesterent le triomphe de Baural. Ce spectacle transporta de fureur le capitaine qui perdoit à la fois une gageure, l'espoir dont son amour s'étoit peut-être encore flatté, & la consolation d'attribuer les refus de mademoiselle *** à sa vertu. Il ne se connoît plus ; il entre chez le conseiller, l'arrache au sommeil pour lui déchirer le cœur, le conduit à la chambte de sa fille, & va au loin cacher sa propre honte, sa rage & son désespoir. Le séducteur surpris se tire d'affaire avec fermeté & présence d'esprit ; le pere promet de pardonner à sa fille ; Baural cherche en vain à tirer vengeance d'un traitre ; il apprend bientôt que sa victime est renfermée dans un couvent où elle doit le reste de ses jours, pleurer sa faute. Enfin il s'est puni lui-même en passant dans le pays étranger, où l'on a appris qu'il a endossé le froc.

Nous étions en train d'en raconter de belles, lorsque le premier coup d'archet nous interrompit. Les femmes ne cesserent pas de causer, mais l'orchestre contrarioit fortement leur desir d'être entendues. Le sacrifice du plaisir que peut causer un beau morceau de musique, ne nous coûte rien pour plaire à une femme qui veut qu'on l'écoute ; mais il n'est pas de situation plus pénible que d'être obligé de répondre à ce que l'on n'a pas entendu, & de faire faire à l'intelligence les fonctions de l'ouie. Une ariette nous rendit un peu à nous-mêmes, & un grand éclat de rire de la comtesse nous remit en gaîté. En nous retournant, nous vîmes l'ouverture de la lucarne de la loge bouchée par la face rebondie de l'abbé Z. --- Voilà un quart - d'heure, dit la comtesse, que j'entends murmurer derriere moi ; je n'osois regarder : voyez donc ce méchant abbé ! -- Mesdames, répond le grand-vicaire, je murmure avec raison contre cet abominable Gluck qui, avec sa musique infernale, m'empêche d'avoir le plaisir de vous entendre. -- L'abbé, entrez avec nous, liguons-nous contre ce tapage ; vous nous direz qu'elle est cette femme couverte de diamans à la quatrieme loge du côté du roi. -- Ne reconnoissez-vous pas R.... qui, après avoir fait les délices du public sur le théâtre & dans le boudoir, s'est attachée à un grand seigneur étranger qui, dit-on, vient de contracter avec elle un lien indissoluble ? -- Seroit-il possible ! --- Cela feroit son éloge, car le comte D.... n'est ni un fou ni un étourdi livré à la fougue de ses passions ; il n'est pas sans exemple que les désordres de la jeunesse aient servi à préparer & à raffermir la prudence de l'âge mûr : les vertus mêmes peuvent se développer après les égaremens ; comme une plante précieuse croit avec vigueur sur une couche de fumier. -- L'abbé, vous soutenez une mauvaise cause. Vous feriez mieux d'employer votre sagacité à deviner ce que pensent ces graves personnages, qui sont ensemble au balcon *(l)* comme les meilleurs amis du monde. Ils feignent d'être fort attentifs à la musique, & méditent peut-être chacun des projets que son voisin voudroit pénétrer. -- Je me charge, mesdames, de satisfaire votre curiosité. Celui-là que la nature semble avoir formé exprès pour la représentation, rêve aux moyens de persuader que sa souveraine s'éleve au milieu des puissances comme il domine, par sa taille avantageuse, sur ses confreres ; qu'elle est la suprême modératrice des résolutions des cabinets de Vienne, de Berlin, de S. James ; que, le printems prochain, des têtes couronnées de toutes les extrêmités de l'Europe se réuniront près d'elle pour fixer les destinées de cette partie du monde *(m)* ; que

---

(l) Grande loge sur le théâtre où les ministres étrangers se placent ordinairement à nos spectacles.

(m) L'empereur a ordonné que l'on préparât pour l'ouverture de la saison, deux camps qui seront d'une grande magnificence, l'un en Bohême & l'autre en Moravie. Ce dernier, dit-on, contiendra plus de 80,000 hommes. Nos nouvellistes ont bâti [illegible] le plus beau roman. Ils ont annoncé que l'empereur & le roi de Prusse, après avoir assisté au

ſa politique, plus efficace que les armes des Romains, ſoumettra, malgré les envieux, les terres & les mers ſur leſquelles s'étendent ſes droits & ſes prétentions.... -- L'abbé interrompit la comteſſe, admirez & reſpectez une femme qui honoreroit votre ſexe comme elle honore le nôtre. *Catherine II* eſt grande par l'audace même de ſes deſſeins, puiſqu'on n'a point encore vu qu'elle ait échoué dans leur exécution ; elle eſt grande par l'habileté, la fermeté, la perſévérance avec leſquelles elle avance ſans ceſſe vers ſon but. -- On dit qu'elle réſiſte en ce moment à l'Angleterre pour le maintien des principes de la neutralité armée, qui adouciſſent la barbarie du code militaire auquel étoit ſoumis l'empire de Neptune. -- Les Anglais ne veulent point admettre cette maxime que *le vaiſſeau libre doit rendre la marchan-*

---

couronnement de l'impératrice à Cherſon, l'ameneroient à Vienne, où ſe trouveroient le roi & la reine de Naples, l'archiduc & l'archiducheſſe de Toſcane, l'illuſtre famille de Wirtemberg, &c. ; ou en préſence de la compagnie la plus auguſte qui ſe ſoit jamais raſſemblée, on célébreroit le mariage de l'archiduc François *avec la princeſſe* Eliſabeth, *&c. &c. &c. Ce ſeroit faire injure aux lecteurs que de leur indiquer toutes les affaires majeures que l'on peut régler dans un congrès auſſi reſpectable, auquel, pour ouvrir un champ plus vaſte à leur imagination, ils ſont bien les maitres de faire intervenir le roi de France, celui d'Angleterre, le pape & le grand Turc, même toute la republique de Veniſe & la diete de Pologne.*

dise libre, & l'on assure que cette clause pourra empêcher la conclusion du traité de commerce qui se négocie entre l'Angleterre & la Russie. ---- A propos remarquez-vous combien l'ambassadeur de Venise a l'air préoccupé. --- S'il en faut croire plusieurs gazetiers, ses maîtres sont engagés dans une guerre sérieuse avec la Porte Ottomane, & le capitan pacha guette l'escadre du chevalier *Emo*. --- Les mêmes gazetiers mettent la Russie de la partie. Cela ne s'accorde gueres avec le voyage de Cherson. --- Jamais peut-être l'Europe ne s'est trouvée dans des circonstances plus intéressantes, & jamais les nouvelles n'ont été plus rares & plus incertaines. --- Les souverains de notre tems ont le merveilleux secret de dérober la vérité aux curieux, même aux témoins occulaires. Les Hollandois ne savent pas plus que nous, si la journée de *Hattem* a été ensanglantée ou non. Les patriotes donnent de grandes listes de tués & de blessés; les Stadhouderiens prétendent que l'on n'a pas répandu une goutte de sang. --- Quoiqu'il en soit, il n'y aura plus de canon tiré pour tous ces mal-entendus. Voyez l'air satisfait de l'ambassadeur de Hollande! --- Est-il bien certain que tout est arrangé? --- On se flatte au moins d'y parvenir, & le parti stadhouderien sait parfaitement que la France même ne veut pas sa ruine complette. S'il est de notre intérêt de conserver une grande prépondérance dans les Etats-Unis, pour les opérations maritimes, il eſt auſſi d'une bonne politique de laiſſer la Pruſſe & la Hollande dans le même baſſin de la balance pour les affaires du continent....

L'Abbé Z. grand diſſertateur, ne voyant plus à placer ſes belles phraſes, s'étoit éclipſé. Nos dames daignerent nous laiſſer jouir quelques inſtans du ſpectacle ; mais l'arrivée ſucceſſive de gens à nouvelles, remit bientôt la converſation en activité. Combien d'idées bizarres & contradictoires le déſeſpoir de ne pouvoir tout ſavoir, tout pénétrer, fait éclorre dans le cerveau de ces meſſieurs ! J'appris cependant là quelques anecdotes intéreſſantes. L'un d'eux nous aſſura que le prince de Kaunitz avoit dit à propos des troubles des Hollandois: *nous les regarderons de la fenêtre.* Voilà qui eſt poſitif. Au reſte tous aſſurerent que les liens de la maiſon d'Autriche & de la maiſon de Bourbon ſe reſſerrent de jour en jour. Qui tentera de les rompre ? Faiſons des vœux pour que toutes les puiſſances s'y uniſſent par les rameaux de l'olivier que notre grand miniſtre a planté !

--- Eh bien, marquis, vous avez été faire une viſite au corps diplomatique, qu'avez-vous appris ? --- Apprend-t-on là quelque choſe ? J'avoue cependant que, hors les gazettiers, perſonne ne paroît penſer à la guerre ; pas même les Turcs, les Ruſſes ni les Vénitiens. --- On voit bien, marquis, que vous n'êtes pas accoutumé à pénétrer les ſecrets d'état ; car toutes les lettres de ces contrées annoncent que les cartes s'y brouillent de plus en plus. --- Je sais qu'il s'en est peu fallu qu'une rupture n'éclatât, mais l'impératrice de Russie ayant trouvé l'empereur peu disposé à la seconder, cherche à éviter de se compromettre seule. Ne pouvant compter sur la liberté de la navigation dans la méditerranée, elle auroit peu d'avantages à se promettre de cette guerre, & les Vénitiens sont trop prudens pour s'en mêler contre le gré des puissances qui les avoisinent. Ils ont assez à faire avec les Barbaresques & le pacha de Scutari.... --- Ah, j'oubliois une anecdote curieuse que le baron de *G.* nous a racontée sur les derniers momens du roi de Prusse. On a trouvé sur la table de ce monarque philosophe, près du fauteuil sur lequel il a rendu le dernier soupir, les ouvrages de Seneque, ceux de plusieurs autres anciens philosophes & une brochure nouvelle marquée à un endroit où l'on fait le parallele de la mort d'un paysan avec celle d'un roi. --- Mesdames, savez-vous l'aventure du bon *Kornman?* La semaine derniere, il rentroit chez lui tranquillement vers minuit : il fut attaqué par un homme qui lui mit une main sur la bouche & de l'autre lui tira un coup de pistolet à bout portant. Fort heureusement pour lui, l'assassin visa mal, & appliqua le pistolet sur la forme de son chapeau rond anglais, & cette grande forme le sauva. La balle la perça de part & rasa la tête. Monsieur *Kornman* étourdi du coup, tomba à terre ; l'assassin le crut apparemment mort & prit la fuite. --- Il n'achappera sans doute pas aux recherches de notre admirable police, & le banquier a t-il été volé ? --- Non ; il paroît que le scélérat étoit l'instrument de quelque vengeance particuliere. --- Il est en vérité alarmant de penser qu'on puisse trouver encore des assassins à louer dans une ville policée comme celle-ci.

Nous fûmes avertis de la fin du spectacle par un calme subit auquel succéda le tumulte des spectateurs qui couroient les uns à la porte de la salle, les autres aux loges ; nous nous retirâmes enfin pour juger à loisir le poëme, la musique, les acteurs & les spectateurs.

LE RESTAURATEUR.

Dix heures étoient ſonnées depuis long-tems: Il étoit trop tôt ou trop tard pour aller faire des viſites. Aucune invitation ne m'avoit privé de ma liberté. J'entrai dans une de ces maiſons ſi commodes, lorſqu'on ne veut être ni chez ſoi ni chez les autres. La premiere perſonne que je rencontrai au *Reſtaurateur* d***. fut le *baron de K*..... Je l'avois connu en Allemagne. Nous réſolûmes de nous *reſtaurer* enſemble d'une *ſoupe au riz*, ſur une table placée à l'écart. Il arrivoit de la Hongrie. Il eſt inconcevable, lui dis-je, que ce peuple autrefois ſi jaloux de ſes droits, reçoive maintenant avec tant de docilité les nouvelles loix auxquelles on veut le ſoumettre.

Le baron. Le peuple dans aucun pays du monde, ne peut rien par lui-même, & les grands ſeigneurs attachés aux cours par les graces qu'ils ont reçues ou par celles qu'ils eſperent, ſont devenus les premiers inſtrumens de la volonté des ſouverains. La révolution qui s'opere en Hongrie, a été préparée ſous le regne même de *Marie-Thérefe*, ainſi qu'une grande partie des opérations du regne actuel. La célébrité avec laquelle JOSEPH II les a fait réuſſir, montre ce que peut le génie accompagné de la prudence. Des réformes ſucceſſives ont aſſuré le ſuccès des vues de ce grand monarque. On travaille en Hongrie à porter le plus grand coup. Il s'agit de réunir au domaine de la couronne, les biens qui avoient été donnés à pluſieurs familles, après la confiſcation qu'on en avoit faite autrefois ſur les rebelles. La diete annoncée tant de fois ſera enſuite convoquée, ſans que le ſouverain ait à craindre d'y éprouver de contradiction. On y abolira l'ancien droit public de ce royaume, & on y établira la nouvelle forme de gouvernement.

Le chevalier. Il me ſemble que le peuple en ſera plus heureux. Malgré les détracteurs des monarchies, il faut convenir que l'état de ſociété entraînant l'obligation d'obéir, il eſt plus avantageux de n'avoir qu'un ſeul maître. J'ai remarqué dans mes voyages que, par-tout où le ſyſtême féodal eſt établi, perſonne n'eſt content; &, ſi l'on ôtoit aux républicains leur orgueil, il n'en eſt pas un qui ne ſe ſoumît volontiers à un ſouverain, dont les intérêts ſont toujours liés à ceux de ſes ſujets. Mais l'impreſſion que les innovations font ſur le peuple n'eſt jamais réglée par le raiſonnement; il réſiſte même à l'évidence, & l'habitude de ſes maux lui fait rejetter le bien qu'il ne connoît pas.

Le baron. On ne peut ſe méprendre aux intentions de JOSEPH II, & ſes ſujets ont une grande confiance dans les plans qu'il veut exécuter. Ils tendent à rétablir l'équilibre entre les différentes claſſes des citoyens. Le peuple espere du soulagement, en voyant l'éraire s'enrichir aux dépens des usurpateurs de toutes les especes. D'ailleurs notre gouvernement est ferme, mais il n'est point obstiné. Par exemple les Croates, ces soldats-agriculteurs qui bordent les possessions autrichiennes au levant, ont obtenu de rester sur l'ancien pied. Vous savez que ces troupes existent encore sous le régime des anciens Romains, tantôt en campagne, tantôt à leurs champs. Il avoit été question de leur ôter les embarras de la culture & de leur donner une paie constante comme aux troupes réglées. On a représenté qu'ils savoient également bien manier le sabre & conduire la charrue, qu'attachés à la fois à leur roi & à leurs propriétés, ils étoient aussi fideles que braves, & il ne sera rien changé à leur égard.

Le chevalier. Voit-on, monsieur, dans ces contrées les apparences d'une guerre que, selon quelques gazetiers, les Russes & les Turcs cherchent à allumer?

Le baron. Il n'y a pas la moindre vraissemblance qu'elle ait lieu. La Russie choquée de la hateur de la Porte Ottomane étoit en effet disposée à tenter encore une fois fortune; mais elle n'en courra pas les risques sans être assurée du concours de l'empereur, & ce souverain a pris pour modele la conduite qu'elle a tenue dans l'affaire de la démarcation des limites Les circonstances ayant changé en Europe surtout du côté de la France, il étoit nature

que

que notre cour abandonnât un systême qui cessoit de lui devenir nécessaire, & dont elle n'a jamais retiré aucun avantage direct.

Le chevalier. Vous pensez donc que la cour de Vienne veut se détacher de celle de Russie.

Le baron. Je ne dis pas cela, mais au moins paroît-elle ne plus vouloir seconder les projets de l'impératrice contre la Turquie; l'empereur tourne entiérement son attention sur les affaires du continent, pour lesquelles l'alliance de la France lui sera plus avantageuse que toute autre.

Le chevalier. On assure qu'à la mort de Frédéric, l'empereur a fait sonder les membres de la confédération germanique, & qu'on a trouvé cette association indissoluble.

Le baron. Qu'importe! n'est-on pas maître d'un arbre, quand on l'est de ses racines? Le roi de Prusse est ami de la paix; l'esprit de conquête ne fera jamais entrer JOSEPH en campagne, & le cabinet de Versailles ne cherche qu'à entretenir dans l'Europe un équilibre sur lequel des poids légers ne sauroient avoir de l'influence. Mais que pense-t-on ici des affaires de la Hollande sur lesquelles, dans toute ma route, on m'a paru d'un froid glacial?

Le chevalier. Il est démontré que la France & la Prusse n'y veulent jouer que le rôle de médiateur. Ce n'est que sur ce pied que se montre le comte de Cœrtz à la Haye, même depuis les nouvelles inſtructions qu'il a reçues de ſa cour. Le parti Stadhoudérien en eſt conſterné, mais il devoit s'y attendre. Il eſt de l'intérêt des deux partis que les choſes s'arrangent ſans l'intervention active d'aucune Puiſſance étrangere, & leurs forces ſont trop diſproportionnées pour ne pas prévoir l'événement. Déja les états de Gueldres ſemblent revenir ſur leurs pas & chercher à effacer les traces de la violence qu'ils ſe ſont permiſe. Ils ont prononcé une amniſtie en faveur des bourgeois d'Elbourg & de Hattem, qui reviendront chez eux, & ils ont promis des dédommagemens aux victimes du brigandage ſoldateſque. La France & les patriotes ne deſirent point la deſtruction du Stadhouderat, & il ne manque au Stadhouder qu'un conſeil mieux compoſé pour que l'on voie l'ordre & la tranquillité renaître dans ces provinces.

Le baron. Les ennemis même de la France ne peuvent refuſer une juſte admiration à l'adreſſe & à l'habileté de votre miniſtere. On diroit que par des fils ſecrets qu'il fait mouvoir à ſon gré, il fait prendre aux affaires des autres états la tournure la plus convenable à ſes intérêts. S'il pouvoit conſerver long-tems cette maniere d'être mitoyenne & en apparence paſſive dans les affaires générales, il réuſſiroit à maintenir la paix, & rendroit au royaume ſon ancienne ſplendeur, tandis que les autres puiſſances s'épuiſeroient.

Le chevalier. Il eſt vrai que nous aurions

pu nous refaire au milieu d'une paix profonde, & que dans le même tems on a vu d'autres puissances augmenter sans cesse leur état militaire & faire d'énormes dépenses pour des projets qui ont été déconcertés ou suspendus. Mais si nos alliances & la sagesse de notre conduite suffisent pour nous entretenir dans une parfaite sécurité du côté du continent, nous ne pouvons conserver les avantages de la derniere paix, & nous mettre à l'abri d'une vengeance terrible de la part de nos voisins jaloux, qu'en nous formant une marine respectable. Vous voyez avec quelle activité on s'en occupe. De sages ordonnances ont jetté les fondemens d'une subordination long-tems méconnue dans ce corps. Les ports se multiplient à grands frais sur nos côtes.....

Le baron. Oui, mais les Anglais vous surpassent beaucoup en constructions, & le nombre de leurs vaisseaux l'emportera toujours sur celui des vôtres.

Le chevalier. N'en croyez pas leurs papiers que copient les feuilles périodiques dont l'Allemagne est inondée. Les gazettes ne donnent également que des notions infideles sur l'état de nos forces maritimes. En voici un dont je puis vous garantir l'exactitude & l'autenticité.

Au prémier juillet dernier, notre marine royale étoit composée de 67 vaisseaux de ligne, savoir : 6 de 110 canons ; 7 de 80 ; 45 de 74 ; 6 de 64, & 3 de 50 ; de 67 frégates & 40 corvettes. Tous ces bâtimens sont neufs ou bien réparés.

Depuis le 1er janvier 1783, on a lancé à l'eau 13 vaisseaux de 74 canons, 10 frégates & 7 corvettes. Aujourd'hui il y a 5 vaisseaux en construction, savoir : 1 de 110 canons & 4 de 74, & plusieurs frégates & corvettes. Enfin on estime que, dans les trois grands ports, de *Brest*, *Toulon* & *Rochefort*, & dans ceux de *L'Orient* & de *Bayonne*, il se trouve des bois & des munitions pour construire successivement, équiper & armer 20 à 25 vaisseaux de ligne.

Suivant le plan arrêté par le roi, l'intention de sa majesté est de porter la marine à 81 vaisseaux de ligne, savoir : 9 de 110 canons ; 9 de 80 & 63 de 74, qui composeront les neufs escadres affectées aux trois grands départemens ; 81 frégates, dont 18 portant du canon de 17 liv. de balle & 63 portant du 12 ; enfin à 81 corvettes ou bâtimens légers de différentes forces. Dans ce nombre ne sont point comprises les flutes, gabarres, &c. Indépendamment de ces 81 vaisseaux, il y aura un nombre indéterminé de vaisseaux de 64 & de 50 canons, destinés aux convois, aux expéditions particulieres, à la garde des côtes, &c.

Le baron. Louis XVI. illustrera son regne par de grandes choses, mais sur-tout par la noblesse & l'humanité qui président à des entreprises autrefois d'un si funeste augure. Cette époque montre de toutes parts des préparatifs effrayans de moyens de destruction employés à la conservation de la paix..... Dites-moi, chevalier, les Français sont-ils devenus des personnages si graves, si réfléchis ? ne s'entretient-on plus ici que de politique ?

Le chevalier. Votre reproche est fondé, mon cher baron ; nous avons été ce soir passablement tristes & sérieux. Je viens d'apprendre une anecdote qui fera diversion à la gravité de notre entretien. L'un de nos plus aimables courtisans, également bien venu au Parnasse, à Cithere & à Versailles, se vengea un jour par une épigramme sanglante de l'infidélité d'une belle marquise. Cette petite piece parvint à sa destination après avoir passé dans vingt cercles. La marquise écrit sur le champ au chevalier, pour lui demander le pardon de ses torts, le supplier de détruire toutes les traces de sa vengeance & l'engager à venir chez elle à une heure indiquée, pour sceller une réconciliation sincere. Le chevalier connoissoit trop bien les femmes pour aller sans défiance au rendez-vous. Il se munit de pistolets. A peine avoit-on fait les premieres explications que quatre grands drôles arrivent, le saisissent, l'étendent sur le lit, le déshabillent autant qu'il étoit nécessaire pour exécuter leur dessein & lui administrent en cadence chacun cinquante coups de verges sous le commandement de madame. La cérémonie finie, le chevalier se releve froidement : se rajuste, &

s'adreſſant aux ſpadaſſins que la vue de ſes piſtolets fait trembler : vous n'avez pas fini votre beſogne, leur dit-il, madame doit être ſatisfaite, mon tour eſt venu, je vous brûle la cervelle à tous les quatre, ſi vous ne lui rendez à l'inſtant ce que je viens de recevoir.... Cet ordre étoit donné avec trop de fermeté, & monſieur de *B.* l'accompagnoit de manieres trop engageantes pour qu'on tardât à lui obéir. Les pleurs de la belle dame n'empêcherent pas que le ſatin de ſa peau ne fût déchiré ſans pitié. Mais ce ne fut pas tout: M. de *B.* voulut que les exécuteurs de ces actes de vengeance ſe fiſſent ſubir mutuellement une ſemblable punition, puis, voulant ſe retirer : --- Adieu, madame, que rien ne vous empêche de publier cette plaiſante aventure ; je ſerai le premier à en régaler les oiſifs..... On prétend que la marquiſe courut après lui, ſe mit à ſes genoux & le conjura tellement de lui garder le ſecret qu'il ſoupa chez elle le même ſoir pour démentir les indiſcrétions. On ajoute même que, la recette opérant, la ſcene ſe termina plus gaiement qu'elle n'avoit commencé.

Le Baron. Les Français mettent de l'eſprit par-tout, même dans leurs vengeances. L'eſprit eſt devenu une denrée commune, &, à en juger par ce qui ſort de vos preſſes, les gens de lettres qui en faiſoient autrefois monopole, n'en ont maintenant pas plus que les autres.

Le chevalier. Nos théatres ſur-tout n'ont depuis long-tems rien offert de plus piquant que les ſcenes particulieres de nos ſociétés. Et jamais le goût du ſpectacle n'a été plus univerſel. Les ſalles où l'on goûte ce plaiſir pour de l'argent, ſe ſont multipliées à un point étonnant, & on les voit toujours remplies. Cependant il n'eſt point de claſſes de citoyens qui n'aït, dans ſon propre ſein, des auteurs, des acteurs, quelques théatres formés par des amateurs qui ſe cottiſent pour jouer la comédie, & c'eſt un amuſement très-ordinaire dans les maiſons opulentes.

Le baron. N'avez-vous donc aucune nouvelle production dramatique qui mérite d'être diſtinguée ?

Le chevalier. Aucune. Des petites pieces à l'infini. Du bel eſprit & rien de plus. On vient de donner aux Italiens une anecdote ruſſe dialoguée par M. de *Forges*. Ce qu'elle a de plus remarquable c'eſt le dénouement. Une maiſon brûle, & l'incendie a été imité d'une maniere ſi frappante que les ſpectateurs effrayés ont pris la fuite. Les femmes couroient en faiſant des cris affreux. Cette mépriſe n'a rien de ſurprenant : on ne ſe porteroit pas avec tant d'empreſſement au ſpectacle, ſi on y alloit pour écouter les pieces que l'on y repréſente.

Le baron. Il me paroît que les Allemands l'emporteront bientôt ſur les Français en littérature.

Le chevalier. Vous avez comme nous, mon

cher baron, une quantité prodigieuse d'écrivains. Quand on se permet si facilement d'aspirer aux honneurs de la presse, il est rare que l'on s'en montre digne. Au reste on attend avec impatience de vos climats des ouvrages qui suffiront bien pour les illustrer. Ce sont ceux du feu roi de *Prusse*. Est-il vrai qu'il a laissé ses manuscrits à un M. *Villaume*, directeur de la brasserie de Potzdam ?

Le baron. On l'assure & l'on ajoute qu'avant de les mettre au jour, cet éditeur fait des recherches pour rassembler les écrits dispersés de ce grand homme, dont les reliques valent bien celles des saints de votre église.

Le chevalier. Il est minuit, mon cher baron, voulez vous venir passer la soirée chez la marquise D*** ?

Le baron. Allons, chevalier. Ce sera la premiere fois de ma vie que j'aurai commencé ma soirée à minuit.

FONTAINEBLEAU.

Nous voici à *Fontainebleau*. Nous ſommes venus chercher le plaiſir dans le ſéjour le plus triſte du royaume. Le plaiſir ! En exiſte-t-il d'autre pour le courtiſan que les jouiſſances de l'ambition ?

Le lendemain de la revue des carabiniers, la reine eſt partie à dix heures du matin, pour ſe rendre ici dans ſon Yacht. Le roi qui n'étoit monté en voiture qu'à cinq heures du ſoir eſt arrivé peu de tems après ſon auguſte épouſe. L'agrément d'un voyage par eau n'eſt pas le ſeul motif du choix de cette route pour notre auguſte ſouveraine. Sa majeſté ſe croit enceinte.

Cette revue des carabiniers auroit été fort brillante ſi le tems eût été plus favorable. Il étoit plaiſant d'y voir une foule d'élégantes, crotées juſqu'à la ceinture & laiſſant leurs chauſſures à chaque pas, dans la terre détrempée par les pluies. On a préſenté à MONSIEUR, un vieillard nommé *la Salle*, qui a ſervi dans ce corps. C'eſt celui qui, à la bataille de *Lawfeldt* fit priſonnier le général *Ligonier*. On ſait que ce carabinier refuſa la bourſe & un diamant que ſon priſonnier lui offrit pour le relâcher. Cette belle action lui valut dans le tems un brevet & une penſion. Le roi & MONSIEUR ont témoigné un vif intérêt à ce brave homme, & lui ont fait donner des récompenſes. Après la revue générale du corps, ſa majeſté a vu manœuvrer dans la cour du château de *Brunoi*, un eſcadron de 262 carabiniers, tous vétérans, & qui ont plus de 24 ans de ſervice.

On dit que deux ſoldats démontés pendant les évolutions, ont été foulés aux pieds des chevaux & que deux autres ont été bleſſés. Il ſeroit affreux qu'une vaine & inutile parade eût coûté la vie à des hommes.

Meſdames, tantes du roi, ſont reſtées à *Bellevue*. L'attachement de ces princeſſes pour la ducheſſe de *Civrac* qui eſt dangereuſement malade, les a empêchées d'être du voyage de Fontainebleau, où l'on croit cependant qu'elles viendront paſſer quelques jours.

Accoutumés à voir ce voyage être l'époque de quelque révolution, les ſpéculateurs, les partis différens ne manquent point d'arranger chacun un nouveau miniſtere à leur gré. Eſt-ce par partie de plaiſir, eſt-ce par quelque combinaiſon politique, & pour inſtruire les arrivans de l'état des choſes, que la ſociété de madame la comteſſe D*** a fait aujourd'hui de grand matin une cavalcade du côté de l'avenue? Je l'ignore. Le haſard m'avoit conduit dans la même partie de la forêt. On m'appella, on me queſtionna; la plupart des allans & venans eurent le même ſort.

Le marquis D*** venoit de Paris. — Je ſuis parti, dit-il, en ſortant du ſouper de madame ***. Le maréchal de *Biron* a eu une nouvelle crise, & ce sera incessamment une belle place à donner. Est-elle toujours destinée au maréchal de *Castries ?*

La comtesse. Oui ; il est très-décidé à quitter le ministere, & monsieur *de Calonne* à tout faire pour lui succéder.

Le marquis. Avec infiniment d'esprit & une facilité rare, on est propre à tout, & monsieur de Castries laissera son département dans un état de splendeur qui le couvrira de gloire. Monsieur de Calonne en quittant la finance, sera fort regretté d'une infinité de gens. Mademoiselle *Arnoult* disoit derniérement à l'occasion du portrait où il est peint à mi-jambe : *Savez-vous pourquoi l'artiste l'a fait ainsi ? Il lui a coupé les pieds afin qu'il ne puisse point s'en aller.* Mais qui mettez-vous à sa place ?

La comtesse. Voilà une nomination bien faite pour intriguer tout le monde. Le maître cherche un homme honnête & éclairé. On croit qu'il a jetté les yeux sur monsieur *Senac de Meilhan.*

Le marquis. Nous verrons renaître alors les jours d'économie. Depuis le regne du duc de Choiseul, il y a eu une singuliere intermittence d'économie & de prodigalité.

Le comte. Oui, & cette intermittence se croise souvent dans les divers départemens, de sorte que, les extrêmes se corrigeant l'un l'autre, tout va le mieux du monde. Mais remarquez que ce n'est pas à cause de leurs défauts que les miniſtres ſortent de leurs places.

La marquiſe. Ce ſeroit une revue curieuſe que celle des motifs qui les ont déplacés. Quand au duc de *Choiſeul*, tout le monde ſait qu'il a cédé à l'empire que madame *Dubari* avoit pris ſur l'eſprit de Louis XV.

Le comte. Sans doute ; mais vous êtes tous trop jeunes pour ſavoir comment la choſe s'eſt paſſée. C'eſt une anecdote précieuſe pour l'hiſtoire, & peu de gens en ont été inſtruits. Si la guerre de 1756 fut malheureuſe ; ſi la paix qui la ſuivit fut défavorable, la France au moins ne perdit pas ſon honneur, & , juſques dans la rédaction du traité, elle conſerva une fierté que le duc de Choiſeul avoit formé le projet de juſtifier, en enlevant à l'Angleterre ſes colonies du Nord de l'Amérique. La querelle des Eſpagnols avec les Anglois en 1770, au ſujet des iſles de Falkland lui parut une occaſion propice de ſecouer le triſte ſouvenir de la paix de 1763. Il s'en ouvrit au roi, qui ne goûta point ſon projet, & qui étoit occupé d'autres objets que de guerre. Cependant comme il connoiſſoit l'eſprit de ſon maître, il eſpéra de faire cauſe commune avec l'Eſpagne, en excitant le miniſtere eſpagnol qu'il gouvernoit, à tenir ferme dans ſa querelle avec les Anglais. Mais déja un parti puiſſant dont madame Dubari étoit l'ame, l'attaquoit lui-même nuit & jour dans l'eſprit du monarque. Ce parti découvrit que monſieur de *Choiſeul* écrivoit en Eſpagne. Il marquoit dans l'intimité de sa correspondance, que jamais l'occasion n'avoit été plus favorable pour humilier l'Angleterre, qu'elle n'avoit ni vaisseaux ni matelots prêts (le fait étoit vrai.) Par un de ces événemens bisarres & inconcevables qu'on ne peut ni imaginer ni prévoir, le courier porteur de ces dépêches en Espagne fut arrêté par ordre du roi, sans que le roi ni le duc surintendant des postes en sussent rien, & ses ennemis se trouverent munis d'un billet de sa main adressé au ministre d'Espagne & qui ne contenoit que ces mots, *tenez bon*. Armée de cette piece, madame *Dubari* insinua de nouveau au monarque qu'il étoit trahi par son ministre. *La preuve*, répondit le roi, *& il ne restera pas ici un quart-d'heure*. On lui montra le billet. Le roi, dans un mouvement de colere, passa chez monsieur *de la Vriliere*, ordonna l'exil, & tout fut exécuté en peu d'heures.

Le marquis. J'avois cru jusqu'ici que les affaires des parlemens avoient été l'occasion de la disgrace du duc de Choiseul. Le peuple qui regarde ces corps comme ses représentans vis-à-vis du monarque, se persuade quelquefois bien gratuitement de leur influence dans les révolutions ministérielles; mais passons à d'autres.....

La comtesse. J'espere que nous employerons mieux notre tems qu'à faire l'histoire secrete du ministere de France. L'air n'est pas sain ici, pour la conversation.

Le marquis. Oh, mesdames, vous ne refuserez pas votre attention à une anecdote incroyable que je vous apporte de Paris. La petite D*** ayant appris que son amant avoit été éloigné d'elle par sa famille, a écrit au pere qu'il lui devoit 50,000 liv. On a fait examiner la chose; la demoiselle a rappellé de mémoire ses divers prêts; on a écrit, & l'on n'a trouvé que 17,000 liv. Un homme digne de confiance a assuré qu'il avoit fait payer une dette de 11,000 liv. du chevalier, sous la garantie de sa maîtresse. Le pere a fait offrir à la danseuse 30,000 livres pour solder cette créance. Celle-ci qui en avoit demandé 50, a cru sa délicatesse compromise & a répondu insolemment qu'il étoit indifférent à sa fortune de perdre 30 ou 50,000 liv. & qu'elle refusoit les 10,000 écus. Le pere lui a fait dire qu'il alloit distribuer cette somme aux pauvres, ce qui a été exécuté.

La comtesse. A merveille: mais ce n'est point assez. Il est inconcevable que le gouvernement ne mette point un frein à l'impertinence de ces créatures.

Le Comte. Ce sont des rouages utiles à la grande machine de la circulation des especes; c'est un aimant pour l'or étranger.... A propos d'or, voilà votre vieux oncle, madame la marquise, qui vient prendre jour avec vous pour vous laisser sa succession.

La marquise. Ne plaisantez pas ce bon vieillard... Bonjour, mon cher oncle: quelle affaire vous a donc obligé de faire à votre âge cette courſe pénible ?

Le fermier-général. Une diſpute de la compagnie avec la *cour des Aides.* Elle trouve mauvais que nous cherchions à nous rendre maîtres des fripons qui nous volent. Notre architecte a, comme il eſt juſte, fait conſtruire aux nouvelles barrieres, des lieux de sûreté pour y retenir les fraudeurs, juſqu'à ce qu'ils puiſſent accommoder l'affaire, ou en attendant qu'on les livre à la juſtice, & voilà la *cour des Aides* qui vient encore ſe jetter à la traverſe.

Le marquis. En effet, monſieur, il ſeroit fort commode d'être ainſi juge & partie. Si l'on vous laiſſoit faire, vos *vade in pace* vaudroient bien ceux des moines. Mais au moins cette difficulté n'arrête pas la conſtruction de l'admirable monument de l'imagination fiſcale qui va faire de Paris le plus beau parc de l'Europe ?

Le comte. Ah, la grande muraille ? C'eſt, ma foi, une invention unique. Elle prouve l'avantage, pour une compagnie, d'avoir un membre académicien. *M. L.*, comme chymiſte & comme fermier-général, méritera les éloges de la poſtérité pour avoir eu l'idée de mettre Paris dans une grande cucurbite, dont, comme de raiſon, la caiſſe des fermes ſera le récipient.

Le fermier-général. Si nous n'amaſſions pas de l'argent pour réparer les ſottiſes de vos enfans en leur donnant nos filles & notre fortune, que deviendroient tant d'illustres familles ? Adieu, mesdames, ici je ne fais pas mes affaires, & je veux voir le ministre avant qu'il aille chez le roi.

La comtesse. Je voudrois que le vieux chevalier *** s'arrêtât quelques instans près de nous; il nous apprendroit les bavardages de la capitale. Comte, appellez-le.

Le comte. Eh bien, mon cher chevalier, que dit-on à Paris des affaires de l'Europe ?

Le chevalier. Un nouveau partage du continent est inévitable. La Hollande, la Pologne, l'Allemagne même dont un auteur moderne compare les divers états à ces petits nuages qui recouvrent la voûte céleste & qui finissent par se réunir en un petit nombre de nuées à peu près égales....

Le comte. Il faudra réaliser pour vous, messieurs les nouvellistes, le projet attribué à Louis XIV, d'une médaille dont l'exergue devoit être, *regna assignata.*

Le chevalier. Plaisantez tant qu'il vous plaira, monsieur le comte, mais soyez certain que la bombe éclatera au moment qu'on s'y attendra le moins. Son explosion n'est retardée que par le tems nécessaire pour combiner les intérêts qui se croisent & pour faire entendre raison à tout le monde. Il ne faut qu'un événement entre dix que l'on peut prévoir, pour en accélérer l'instant.

Le comte. Et les affaires de la Hollande ?

Le chevalier. Un partage accordera tout. Il

Il faut gagner du tems jusqu'à son exécution ; d'ici là il seroit possible qu'on laissât le stadhouder régner sur ses bons amis de *Gueldres* ; comme s'en sont contentés ses ancêtres, avant de parvenir au gouvernement de toute la république, & les autres provinces suivre leur plan patriotique.

Le comte. Bravo, mon cher chevalier ; & que dit-on du roi de Prusse ?

Le chevalier. Il justifie l'opinion qu'il a donnée de lui dès les premiers jours de son regne. Il a dit au président des affaires criminelles : *Je vous recommande le sang des hommes ; s'il faut des supplices, épargnez les horreurs de l'appareil ; qu'on supprime les tourmens ; un criminel peut être puni sans le torturer.* Savez-vous, mesdames, combien on a trouvé de chemises dans la garderobe du feu roi ? *Onze*, pas même la douzaine. Les valets à qui l'on a donné ses hardes, n'ont pu en tirer plus de 400 écus. Il est vrai que le fripier qui les a achetées, a eu l'adresse de les faire valoir au point de décupler le prix d'achat. Tout le monde vouloit se procurer des reliques de Frédéric. Un artiste de Berlin attire une affluence prodigieuse de curieux ; par l'effigie de ce grand homme, à laquelle il a sû donner une ressemblance prodigieuse & qu'il a revêtue des habits & des hardes mêmes qui ont servi au monarque.

La comtesse. Ne quittons pas de vue la politique, car c'est de Paris que nous attendons des nouvelles, dans ce triſte ſéjour où l'on n'en dit aucune. Croyez-vous réellement à l'union intime des cours du nord, que toutes les gazettes annoncent ?

Le chevalier. Eh, madame, tout le monde s'entend ou finira par s'entendre. La Ruſſie n'eſt pas très-contente de la tournure que prennent les affaires de l'Europe, & l'affoibliſſement du crédit du prince de Potemkin ſemble confirmer que les effets du plan dont il eſt le créateur n'ont pas répondu à l'attente de l'Impératrice.... Mais, tant mieux. Elle évitera avec d'autant plus de ſoin une guerre contre le Turc, qui auroit pu s'étendre dans le continent, & ſa part dans la grande diſtribution ſera plus facile à régler.

Le comte. Etes-vous bien sûr, mon cher chevalier, que, depuis votre départ de Paris, un coup de vent n'a point dérangé vos plans, en emportant le ſable de la terraſſe des Tuileries, ſur lequel ils ont été tracés. L'hiſtoire des ſiecles les plus agités n'offre point, dans ſes chroniques menſongeres, autant de variétés, autant de révolutions, que celle du tems préſent dans l'imagination des ſpéculateurs de profeſſion.

Le chevalier. Nos conjectures, monſieur le comte, ſe ſont ſouvent réaliſées, ſoit que nous avions pénétré ce que l'on cache au vulgaire, ſoit qu'elles ayent fourni des idées dont la ſagacité d'un miniſtre a sû tirer parti. Je vous le répete : il n'eſt peut-être pas un point ſur la ſurface du continent où il n'ait germé quelques ſemences de diviſion ; on s'accorde de toutes parts pour les étouffer ; on cherche des palliatifs, parce que l'Europe eſt dans la poſition d'un malade que l'on prépare à recevoir un remede violent, en attendant le moment convenable pour l'adminiſtrer.

Le comte. Le monde politique a, dans tous les tems & dans tous les pays, toujours été malade. Voyez en ce moment les Peguans aux priſes avec les Siamois ; la Chine agitée par des troubles intérieurs ; les princes de l'Indoſtan dans une guerre continuelle ; & les Américains même, ce peuple ſage, philoſophe, qui ne ſait point jouir des douceurs de la paix & de la liberté, qu'il a achetées au prix de ſon ſang, au prix de tant de maux ſoufferts avec une perſévérance ſi glorieuſe.

La comteſſe. Allons, meſſieurs, de ce pas chez le miniſtre. Nous le ſupplierons de nous dévoiler les ſecrets de l'état, afin que vous ne ſoyez point réduits à nous débiter de belles phraſes ou des revêries inſignifiantes au lieu des faits que l'on vous demande.

LA PARTIE DE CHASSE

DE FONTAINEBLEAU.

Où se porte cet illustre cortege ; où vont ces hommes armés suivis d'une foule de valets qui conduisent une multitude de chevaux & de chiens respirant le carnage ? Quelle utile, quelle glorieuse expédition veut on entreprendre ? S'agit-il de combattre un monstre redoutable, de détruire une bête dévorante, de délivrer le pays d'un hôte dangereux ? Les lauriers que l'on recueillera seront-ils teints du sang d'un ennemi ? Non : ils seront seulement mouillés des pleurs d'un timide habitant des bois. La haine de ses persécuteurs ne peut être excitée que par la honte de voir un malheureux cerf l'emporter sur eux en légéreté.

L'homme, le roi des animaux, attache donc un grand prix à son triomphe sur une bête foible & fugitive, puisqu'il l'entoure d'un appareil si éclatant ! C'est, dit-on, le plus noble des plaisirs : le plus raisonnable, le plus utile ne devroit-il pas être le plus noble ?

Une affluence considérable de curieux a rendu très imposante cette fastueuse cérémonie du meurtre d'un cerf, dont je viens d'être témoin. Tandis que les chasseurs suivoient la trace de leur proie, & qu'une foule d'inutiles s'épuisoient à courir çà & là sans autre objet qu'une ridicule imitation, j'attendois paisiblement la fin de la piece au lieu indiqué pour le dénouement. Le *rendez-vous* est la partie la plus brillante de ce genre de spectacle. Un cercle d'élégantes voitures, une infinité de groupes variés ; des dames qui oublient la sensibilité caractéristique de leur sexe pour aspirer après le moment où le cerf viendra pleurer & mourir à leurs pieds, & les oisifs qui n'ont pas une passion décidée pour le tumulte de la chasse, s'y rassemblent de bonne heure. J'y trouvai quelques étrangers dont la conversation me consola du bruit insupportable & des sons aigus & discordans qui nous interrompoient souvent. J'écoutai sur-tout avec intérêt Mylord D*** qui vient de parcourir une partie de cet hémisphere avec plus de fruit que la plupart de ses compatriotes. Il a été forcé d'abréger son *tour d'Europe* par des affaires de famille dont il a été instruit en arrivant à Varsovie, après une course dans le levant. Il me dit qu'il avoit rencontré un grand nombre de troupes Russes qui défiloient vers la petite Tartarie, en faisant fréquemment des jeûnes forcés ; mais il ne lui paroissoit pas probable que ces marches eussent pour objet une guerre avec les Turcs.

La Russie, me dit Mylord, a un intérêt bien décidé à éviter une rupture avec la Porte. Sans parler de la certitude de n'être point soutenue par ses alliés, si elle vouloit entreprendre une guerre aussi pénible, elle sait qu'au premier signal, des ennemis plus dangereux que les troupes Ottomanes, s'éleveroient contre elle au sein même de ses nouvelles possessions. Les Tartares détestent le joug des Russes, & ceux ci ont souvent vu leur sang couler dans ces contrées, depuis qu'ils en sont maîtres. Quatre mille Russes ont perdu la vie, au pied du Caucase, dans un combat dont la nouvelle n'a point percé en Europe. La nation indomptable qui habite ce pays n'a jamais voulu se soumettre, & sa position avantageuse peut long-tems prolonger avec succès sa résistance. C'est contre elle & pour renforcer le cordon que les Russes ont formé sur les frontieres de la Crimée, que sont destinées les troupes qui défilent par la Pologne. Le Divan lui-même est en proie à de nouvelles divisions. Les troubles intérieurs d'un état sont la sauvegarde de ses ennemis. S'il en étoit un inaccessible à la discorde & aux préjugés, & s'il étoit possible que l'esprit de conquête s'emparât de ses chefs, il se rendroit maître de toute la terre. Le grand-visir jaloux des succès du capitan pacha en Égypte, est devenu l'ennemi déclaré de celui à qui il doit son élévation. Le fier Hassan a dit à ce sujet : *ce que j'ai fait en un jour, je pourrai le défaire en une nuit*, & l'on s'attend à une nouvelle révolution dans le ministere de Constantinople. La France cherche à la favoriser. Elle a successivement perdu beaucoup de son influence dans le Divan, & la négociation de ſon ambaſſadeur avec les Beys d'Egypte pour la navigation de la mer rouge, a fortement choqué la Porte qui ſe refuſe à ratifier la convention conclue à ce ſujet. Quant à Veniſe, ſes entrepriſes contre les Barbareſques exigent toutes ſes forces. Cette république a pris la glorieuſe réſolution de les ſuivre avec la plus grande vigueur. Elle a refuſé les propoſitions avantageuſes que le Dey de Tunis lui a faites après le bombardement de Biſerte. Il eſt incroyable que les autres puiſſances maritimes ne ſe réuniſſent pas aux Vénitiens pour dompter ces pirates & les forcer à devenir honnêtes gens. N'y aura-t-il jamais de miſſionnaires pour la vertu, & au nom de l'humanité ?

En traverſant l'Allemagne, continua Mylord, j'ai vu avec joie de grands ſujets de diſpute prêts à céder aux efforts de toutes les parties pour ſe ſatisfaire mutuellement. Un pas eſt déja fait vers une reconciliation entre la maiſon d'Autriche & celle de Pruſſe, ennemies depuis ſi long-tems &, pour parler le langage des politiques, qui ſemblent devoir l'être naturellement. JOSEPH & GUILLAUME ont levé réciproquement dans leurs armées la défenſe de ſortir des frontieres de chaque pays, ſans paſſeports. Ce n'eſt pas que les anciennes rivalités ſoient encore détruites ; ce n'eſt pas qu'une étroite union puiſſe les remplacer au détriment d'autres liaiſons ; mais des plaideurs qui cherchent un accommodement de bonne foi, ont dépouillé toute animoſité, tout eſprit de chicane.

On m'a en effet aſſuré à Vienne que les liens de cette cour avec la Ruſſie ſe relâchoient peu à peu. Les cabinets de l'Europe, diſent les ſpéculateurs, ne cherchent point à changer de ſyſtême; ils veulent bannir tous les ſyſtêmes excluſifs qui ne donnent des amis qu'en multipliant le nombre des ennemis. Jamais le ſecret des puiſſances n'a été mieux gardé. Suivons pour le pénétrer la même regle que la marche uniforme de la nature a indiquée aux phyſiciens. Voyez un plan ſage & combiné ſur un modele unique, s'établir ſous les loix de Joſeph dans toutes les parties de ſes états, & croyez que toutes ſes vues, toutes ſes opérations politiques ſeront ſoumiſes à la même méthode. Ses principes s'étendent inſenſiblement. Ils préparent une révolution générale. Leur influence ne combattra pas avec moins de ſuccès les vieilles idées de politique, que les préjugés dont elle détruit l'empire de toutes parts. C'eſt à l'auguſte ſœur de ce grand monarque que la France devra un ſouverain accoutumé dès l'enfance à aimer la vertu pour elle-même & pour elle ſeule. Les cagots peuvent être choqués de voir les eccléſiaſtiques éloignés de l'éducation de monſieur le Dauphin; les gens honnêtes & ſenſés ne craignent rien pour la religion, de la part d'un prince qui ſera formé pour la vertu....

Le jeune B** qu'impatientoit la gravité de

mon Anglais, l'interrompit ici : --- Oh parbleu, lui dit-il, vous ne nous perſuaderez pas que la philoſophie nous ſoit venue de Vienne. Nous n'avons pas attendu l'exemple de Joſeph pour prononcer ſur le ſort de la gent enfroquée. On vient de me donner la copie d'une lettre précieuſe que le marquis de *Bievre* a écrite là-deſſus à un baron allemand. Tenez ; la voici :

» Vous me demandez, mon cher, des
» nouvelles de nos moines. Hélas, les pauvres
» diables ne ſont pas mieux à Paris qu'à
» Vienne. Chez vous l'autorité les détruit tout
» à coup. Ici la raiſon les avoit dès long-tems
» minés & le ridicule a mis le feu aux poudres.
» Nous ſavons comme vous que le meilleur
» moyen de faire tomber un métier, c'eſt de
» l'empêcher de nourrir celui qui l'exerce,
» mais nous ſommes trop gais pour n'être pas
» doux. Les frocs ne paroiſſent plus à la cour
» & dans la capitale ; on ſe moque d'eux,
» au point que preſqu'aucun couvent ne reçoit
» plus de novices. Il ſe fait encore quelques
» religieuſes, parce que nos grands ſont trop
» obérés pour doter leurs filles, mais les jeu-
» nes garçons ſont libertins de ſi bonne heure,
» que la vocation de quitter le monde ne leur
» arrive jamais que par bouffées comme les
» galanteries qu'ils attrapent. Les *Céleſtins*,
» ſéculariſés n'ont plus rien de *Céleſte* qu'au-
» près des nymphes du palais-royal ; les
» *Feuillans s'effeuillent* ; les *Recollets* ſe *dé-*

» *collent* ; les *Augustins* ne sont plus *augus-*
» *tes* ; les *Cordeliers* se *délient* ; les *pique-*
» *puces* cherchent celles des autres ; enfin les
» *Carmes* ne sont pas des *ternes* ; (*k*) Vous
» voyez que toute cette engeance tend à sa
» fin. Elle employe son excès de revenu à
» prendre des indigestions ; de là à une des-
» truction totale, il n'y a pas loin. Au reste
» la multiplication des simples prestolets,
» remplace largement les moines qui nous
» quittent. Mais ce sont des abbés sans ab-
» bayes, infiniment utiles ; ils se mêlent de
» tout excepté de leur bréviaire, & il n'est
» maison publique ou particuliere, prome-
» nade, spectacle, bal, campagne, où ils
» n'intriguent, n'agissent, ne se remuent &
» ne rendent mille petits services au profit des
» veuves, des orphelins & des enfans-trouvés.
» Vous sentez bien qu'avec des abbés de cette
» espece, on pourra bien se passer des autres,
» & se consoler de la perte des moines &
» des moinillons. «

En Allemagne, reprit Mylord, on ne traite pas avec cette légéreté une matiere aussi sérieuse. Il s'agissoit de fixer les droits de gens

---

(*k*) *Au jeu de* trictrac, *deux* 4 *se nomment* Carme, *& deux* 3 ternes. *En sculpture on appelle* termes *les figures qui n'ont que la tête de formée & dont le corps est en forme de gaine sans aucun membre. Les faiseurs de calembours ne se piquent pas d'être grammairiens.*

dont l'état avoit reçu la sanction des nations & des tems, ceux d'une puissance long-tems respectée. Ils ont été discutés & jugés au tribunal de l'équité & de la raison. C'est ainsi que l'on continue d'en agir à l'égard des usurpations de la cour de Rome. L'archevêque de Salzbourg a été chargé par l'empereur de poursuivre les différens points qui ont été examinés dans les conférences d'Ems. Une marche légale & juste affranchira l'Allemagne du joug de Rome, & vos calembours ne vous apportent que de stériles consolations.

La guerre est déclarée de toutes parts aux préjugés, aux monopoles, aux usurpations. Les richesses de la Hollande n'ont point d'autre base. Cette république n'en jouira pas long-tems. La France cultive déja les épiceries dans ses isles; l'Espagne a menacé les Hollandois de courir sur leurs bâtimens, dans le cas où ils voudroient s'opposer à sa navigation aux *isles Philipines* par la route de l'Afrique, & elle tiendra parole, s'il est vrai que le gouverneur du *Cap* ait déja fait saisir deux navires espagnols qui y avoient relâché; on parle d'un traité de commerce entre l'Angleterre & l'empereur, pour l'introduction de nos fabrications dans le continent par le port d'Anvers; les Hollandois chercheront vainement à y apporter obstacle. Les barrieres de l'Escaut déja ébranlées ne résisteront point à cette seconde attaque; je ne crois point à cette alliance entre l'Angleterre & la France dont retentissent les gazettes étrangeres ; mais notre ministere est trop éclairé pour ne point raffermir ses liaisons de commerce avec toutes les nations, & trop sage pour ne pas chercher à en recueillir les fruits dans une longue paix ; le juste attachement du roi de Prusse pour sa sœur n'interrompra point la paix, parce que toutes les parties au fond tendent à une conciliation que les affaires extérieures rendent nécessaire.

En vérité, interrompit le petit B., ce seroit dommage que la querelle stadhoudérienne finit si promptement ; je ne lis les gazettes que pour en rire : la bonne histoire que celle de ces originaux de Leyde qui ont voulu faire manger à deux bons & paisibles bourgeois un pot de grès sur lequel étoit empreinte la figure du stadhouder ! il seroit plaisant qu'on exigeât que nous avalassions des écus de 6 liv. pour prouver l'attachement que nous portons à notre monarque....

Mylord nous ayant quittés, mon jeune étourdi continua. Cet anglais, me dit-il, est un fou avec toute sa raison. Nous le sommes tous quand nous voulons parler de politique : à la bonne heure, mais soyons des fous gais... Ah ! voilà madame *M*** cette blonde en caraco *à l'innocence reconnue* : (*l*) je vais lui demander des nouvelles de son vieillard d'hier.

(*l*) *Ou à la* Salmon Lilas *garni de deux collets, revers, parement & juppon* verd pomme.

Il a dit un mot qui vaut tous les raiſonnemens de Mylord. Cette femme compte beaucoup ſur la faveur du miniſtre des finances ; elle avoit une aſſez mauvaiſe place au ſpectacle, & elle envioit celle qu'occupoit l'homme en queſtion. Je ſuis ſûre, diſoit-elle à demi-voix, qu'il s'empreſſeroit de me l'offrir s'il ſavoit à quel point je ſuis protégée par monſieur le contrôleur général. ---- *Point du tout, madame*, lui répondit le vieillard, *n'y comptez pas. Je ſouhaite ſeulement pour vous que votre protecteur garde auſſi bien ſa place que je ſaurai garder la mienne.* Cela n'eſt pas galant, mais la gaîté fait tout paſſer, & une femme ne doit jamais reclamer d'autres droits que ceux de ſon ſexe....

La pauvre madame *M***. s'étoit mal adreſſée. C'eſt le même petit vieux qui coupa la parole à un de nos agréables qui lui demandoit des nouvelles des grenouilles : ---- *Elles n'invoquent plus Jupiter*, répondit-il, *elles chantent comme les cailles.* (*m*)

Le comte D*** qui nous avoit joints trouva la plaiſanterie déteſtable & du plus mauvais goût. Il avoit raiſon, car on aſſure que le gain du marquis de *Travanet* ne ſuffiroit pas pour acquitter ſes dettes. Celui-ci a gagné un mil-

(*m*) *Les gens de la cour ſe permettent quelquefois de donner aux Pariſiens le ſobriquet de* Grenouilles. *Suivant le peuple de Paris, le chant des cailles ſemble dire :* Paye tes dettes.

lion au *tric-trac* depuis le commencement du voyage.

Notre entretien fut interrompu par l'arrivée du cerf & de son bruyant cortege, & par les applaudissemens que l'on prodiguoit à la maniere dont il avoit joué son triste rôle.

LE BAL.

Le retour de la ſaiſon des bals remplit de joie notre ſautillante jeuneſſe. Je viens d'y débuter aſſez triſtement : je m'en conſolerai en racontant ma bizarre aventure.

Le duc D*** donnoit hier une fête brillante. J'entrois au bal maſqué ; un mouvement me ſépare de ma compagnie. Le marquis d'*Orbeuil* me reconnoît, m'entraîne dans un cabinet, & me ſupplie de changer pour quelques inſtans avec lui de maſque & de domino. -- Cher ami, me dit- il, je ſuis ici en tête-à-tête ; j'éprouve que des liens de fleurs peuvent paroître peſans ; alléges les miens : je vais te confier un dépôt précieux ; peut-être trouveras-tu que je viendrai trop tôt le reprendre.....

Un moment après, me voilà ſous l'extérieur du marquis, aſſis près de la belle qu'il a délaiſſée. Sa converſation m'intéreſſe, ſa taille, le ſon de ſa voix me ſéduiſent ; j'oublie les inſtans ; j'oublie le rôle que je devois jouer ; je ne penſe qu'à l'amour qui me tranſporte ; j'oſe le déclarer. Un mouvement de ſurpriſe que je pris pour de l'indignation me fit revenir à moi. -- Mais, M. le marquis, êtes-vous devenu fou ? -- , Non, *céleſte perſonne*, répondis-je, je ne ſuis point fou puiſque je ſens le prix de vos charmes, & je ne ſuis point le marquis d'Orbeuil....

La paſſion m'égaroit, le marquis m'abandonnoit ſa conquête; mon indiſcrétion étoit pardonnable. A la maniere dont la belle reçut mon aveu, je conçus des eſpérances; je la preſſai de ſe démaſquer, de me laiſſer contempler ſes *divins attraits.* Elle y mit une condition: ma parole d'honneur de reſter auprès d'elle pendant le reſte du bal. C'étoit me faire acheter mon bonheur par la certitude de l'accroître. J'en fis le ſerment dans l'ivreſſe du plaiſir.

Nous paſſons dans un cabinet voiſin: je m'apperçois alors que ma divinité n'avoit la marche ni élégante ni ſûre; mais une femme peut être à la fois charmante & boîteuſe; mon inconnue en étoit un exemple. Eloigné de tous les yeux je me jette à ſes genoux; le maſque tombe & me laiſſe voir...... la figure la plus horrible qui ait jamais frappé mes regards.

Je jette un cri: --- M. je me ſuis démaſquée pour punir votre impoſture. Si vous aviez rempli vos devoirs envers votre ami, l'illuſion auroit pu vous donner quelques momens agréables. Je ne puis me plaindre de M. d'Orbeuil; je ſuis la ſœur de ſon libraire; j'avois un deſir extrême de voir cette fête; il a promis à mon frere de m'y faire entrer; à cette complaiſance, il a joint celle de me procurer une compagnie; cherchez à me la rendre agréable;

ſi cela vous répugne, votre parole d'honneur me répond de vous.

Je rappellai tout mon courage, & je reconduiſis ma Dulcinée dans la ſalle, après avoir rattaché bien ſolidement ſon maſque. Ma belle avoit tant entendu, tant retenu ; elle babilloit avec tant de facilité que j'eſpérai de ſupporter mon malheur.

Je dois l'avouer ; ma compagne fit tous ſes efforts pour récompenſer ma réſignation. A peine eûmes-nous repris notre place qu'elle me raconta l'hiſtoire ſcandaleuſe de toutes les perſonnes qui paſſoient. --- celle-ci, me dit-elle, eſt Mad. *** dont l'amant fut arrêté derniérement par une ſentinelle, lorſqu'il ſauta par la fenêtre pour échapper aux regards du mari qui rentroit plutôt qu'il n'étoit attendu..... Voilà Mad. *** qui avoit promis ſes bontés à M***. s'il lui apportoit le ſinge d'Aſtley. Le jeune homme, tranſporté d'amour, offre inutilement des monts d'or à Aſtley pour avoir ſon ſinge ; il ſe déſoloit lorſqu'on lui en propoſe un parfaitement reſſemblant qui appartenoit à un rôtiſſeur. Il l'achete pour cent louis, & vole aux pieds de ſa dame avec l'aimable bête : on eſt enchanté ; mais on veut encore la perruche de Jonas. Mon chevalier français court chez l'eſcamoteur, & une heure après apporte la perruche. La dame ſemble au comble de la joie & promet de la reconnoiſſance ; mais une viſite indiſpenſable & preſſée la force de ſortir à l'inſtant. Le galant doit attendre ſon retour qui ne ſera point éloigné. Il prend une brochure, croit lire & ſe livre à de douces rêveries. Le ſinge apprentif rôtiſſeur avoit fixé la perruche ; il ne tarda pas à déployer ſes talens ſur cette volaille d'une nouvelle eſpece. L'arrivée de la dame, & ſes cris tirerent le jeune homme de ſes profondes méditations. En levant les yeux, il vit ſa maîtreſſe évanouie, la perruche étouffée & à demi-plumée. Furieux il perça le ſinge de mille coups d'épée & alla cacher au loin ſa honte & ſon déſeſpoir.

Eh! voilà Mad. *** ſous ce maſque original! Elle a toujours des idées bizarres dans ſes plaiſirs. C'eſt elle qui fit, il y a quelque tems, une partie de 25 cabriolets au bois de Boulogne. Le chevalier D..... qui, à cauſe d'une brouillerie, n'avoit pas été invité, parut à la file, habillé en chirurgien avec la perruque à trois marteaux & une proviſion de charpie. Je ſuis, dit-il, envoyé par le gouvernement pour panſer les bleſſures que ces jeunes fous ſe feront dans leurs culbutes. Cette plaiſanterie cauſtique accrut encore la joie, mais elle n'empêcha pas qu'il n'y eût au retour un bras caſſé & force contuſions. Ce grand maſque qui lui donne le bras eſt un Autrichien qui reſte ici, dit-on, pour voir la tournure que prendra la chaſſe donnée chez l'empereur, aux munitionnaires de ſon armée.

Cet Autrichien étoit hier chez mon frere. Il nous a raconté une foule d'anecdotes curieuſes ſur ſon roi. Celle-ci eſt plaiſante. En revenant de ſon dernier voyage, à deux poſtes de Vienne, l'empereur atteignit une voiture qui le précédoit. Il fit arrêter, & demanda qui étoient les voyageurs. Une dame s'y trouvoit avec un chanoine de la cathédrale de Vienne, qui auroit bien deſiré de n'être pas reconnu. La dame prit la parole : --- Sire, je ſuis l'épouſe de votre ſerviteur T.... --- Où allez-vous? --- A Vienne. ---- Ainſi je commanderai votre dîner à la premiere poſte.... mais c'eſt aujourd'hui vendredi ; ferez-vous gras? --- Non, certainement, reprend la dame. --- Eh pourquoi pas ; vous avez pour compagnon de voyage un chanoine qui peut vous donner une diſpenſe. Là deſſus le monarque quitte bruſquement le tête-à-tête, qui, en arrivant à la premiere poſte, eſt fort étonné d'apprendre que l'empereur a commandé 4 chevaux pour des voyageurs qui le ſuivoient, diſant qu'il leur en falloit deux de plus pour arriver promptement à Vienne, & qu'on les fît partir ſans délai. A la ſeconde poſte, le monarque avoit donné les mêmes ordres, & les pauvres voyageurs, mourant de faim, obligés de faire à contre cœur une diligence coûteuſe, eurent encore le déſagrément d'entrer en plein jour dans la capitale....

Ma loquace compagne s'interrompit pour ramaſſer une lettre tombée de la poche du maſque qu'elle avoit reconnue. Mon ſerment exigeoit que je la ſuiviſſe dans un endroit écarté où elle en fit la lecture. Je devins, malgré moi, complice de ſon indiſcrétion. Après tout il n'étoit queſtion que de nouvelles.

» Je te conſeille, mon cher ami, de prolonger ton ſéjour dans le pays étranger ; » tout le département des vivres eſt en agitation : les uns ſous la férule d'une juſtice » ſévere ; d'autres dans les alarmes. L'équité » de notre monarque raſſure les honnêtes » gens ; mais ils ſont ſi rares par-tout ! & le » ſoupçon, les actes de rigueur auxquels il eſt » indiſpenſable qu'il donne lieu, ſont douloureux pour ceux mêmes qui n'ont rien de » plus à redouter. Depuis l'empriſonnement » de monſieur de Legisfeld, dix autres perſonnes employées ici dans le même département ont été arrêtées ; 8 à Prague, quelques-» unes à Brünn, & une douzaine dans le » Brabant.

» Le ſyſtême de notre cour eſt abſolument » changé. Des liaiſons avec la cour de Berlin, » qui ſe termineront vraiſemblablement par » une alliance, vont renverſer la ligue anti-» Céſarienne. Comment ſerons-nous avec la » France, avec la Ruſſie : c'eſt ce que le tems » nous apprendra. Lui ſeul a le pouvoir de » ſoulever le voile qui recouvre par-tout en » ce moment les ſecrets d'état. De ce nombre » ſont les affaires de famille des ſouverains ; » ainſi je ne répondrai point à tes queſtions » ſur les fêtes nuptiales auxquelles on s'attend.

» L'archiduc François de Toſcane doit, à » ce que l'on aſſure, entrer inceſſamment dans » le conſeil d'état.

» Notre infatigable ſouverain s'occupe avec » la même activité des affaires intérieures & » de celles du dehors. On parle d'une ordon- » nance qui réduira à 3 & 3 & demi pour » cent les intérêts des emprunts publics, en » offrant le rembourſement aux prêteurs mé- » contens de cette réduction. L'intérêt de 6 » pour cent & même plus ſera permis aux » particuliers. Les progrès du commerce, l'en- » couragement de l'induſtrie exigent ces diſ- » poſitions dans un pays que des mains habiles » paîtriſſent pour lui donner une nouvelle » forme. Des établiſſemens qui s'élevent de » toutes parts dans les états du grands JOSEPH » prouvent la ſageſſe de ſon adminiſtration. » Les étrangers qu'elle attire, les nationaux » qui s'empreſſent à l'envi de la ſeconder ſem- » blent animés du feu de ſon génie. Chaque » jour eſt marqué dans nos cantons par la » naiſſance d'une nouvelle fabrique. Je viens » de viſiter celle de tôle vernie, qui s'éleve » à Brinn. Ses ouvrages ne le cedent point à » ceux de ce genre que le luxe & l'opulence » ont ci-devant tirés d'Angleterre. «

Une foule de maſques dont nous fûmes aſſaillis ne nous permit pas de continuer cette lecture. Une jeune eſpiegle qui m'avoit reconnu, nous avoit ſuivis dans le cabinet où ma belle avoit éteint mes feux en me découvrant ſes attraits. Bientôt le bruit de mon aventure s'étoit répandu dans la ſalle, & les danſeurs venoient rire à mes dépens pour ſe délaſſer de leurs fatigues. La beauté n'eut jamais un cortege plus nombreux que celui qui nous entoura jusqu'à la fin du bal. Nous fîmes bonne contenance; elle mit les rieurs de notre côté, & les masques qui se succéderent auprès de nous soutinrent une conversation animée, tantôt gaie, tantôt sérieuse qui me dédommagea de mon esclavage. J'eus occasion de remarquer à la diversité des déguisemens que la fureur de faire de l'esprit s'étend sur tout. Les uns ingénieux, les autres ridicules annonçoient l'imagination la plus bizarre. Un masque coëffé d'un bonnet pointu vint nous montrer que sa tunique formée de sept étoffes différentes se décousoit de plusieurs côtés. Un autre qui passoit rapidement lui arracha son bonnet & le jetta à nos pieds, sans donner le tems de considérer sa figure; elle nous sembla formée de plusieurs longs becs crochus réunis ensemble. Ce masque fit un grand vacarme en parcourant la salle. On nous dit qu'il avoit des gants dont les doigts terminés en pointe avoient enlevé des morceaux de quelques dominos qui s'étoient trouvés sur son passage. Une bande de masques qui se tenoient ensemble sous les bras, se promenoit majestueusement dans la salle; un d'eux les protégeoit contre la foule en *faisant la roue* (*) à leur tête; le masque

(*) *Tout le monde connoît ce tour de force qui consiste à marcher sur les pieds & les mains étendus en forme de croix de St André.*

aux trois becs crochus les entraîna dans sa course, & ils disparurent. Une femme d'une taille haute & majestueuse qui donnoit le bras à une vieille maigre, & décharnée l'avoit suivi. Il se retourna; dès qu'elle eut apperçu son effrayant visage, elle prit une autre route....

Les danses qui recommencerent suspendirent l'examen des masques de toute espece qui composoient le bal & de leurs singeries. Un beau parleur s'avisa de nous conter des histoires. On crie, nous dit-il, contre la dépravation de nos mœurs; voyez ailleurs. En *Irlande* on n'a pu dans toute une province trouver le moyen de satisfaire la fantaisie d'une vieille fille qui vouloit après sa mort être portée en terre par quatre vierges de 25 ans. Encore s'en rapportoit-on à la parole d'honneur de celles qui se présentoient. Aucune n'a voulu jurer. Honni soit qui dira qu'il n'y a pas d'honneur dans ce pays là. Où diable a-t-on été mettre celui des femmes! Dans le fait il consiste à bien cacher son jeu. Faites donc à ce sexe un crime de la dissimulation. Tout va de travers en ce monde. En quoi consiste notre honneur à nous autres hommes? A égorger bravement nos semblables: amis ou ennemis. A Caen, deux amis intimes viennent d'avoir une dispute au jeu. L'un vouloit empêcher l'autre de se ruiner. Un coup fut donné; mais le zele de l'amitié excusoit le coupable. Les deux amis ont été obligés de se battre: dans cent occasions ils avoient exposé leur vie sans effroi; leur courage n'étoit pas à l'épreuve de l'horreur de verſer le ſang d'un ami. Deux fois ils eſſayerent en vain de commettre le crime que l'honneur, diſoit-on, exigeoit d'eux. Leurs épées ſe croiſoient, mais leurs bras ſe refuſoient à porter le coup mortel. Un officier ſupérieur ordonna, je ne le puis croire; il laiſſa entendre apparemment que le combat devoit ſe faire au piſtolet. Des deux amis, celui que l'on prétendoit offenſé eſt reſté ſur la place; l'autre livré au déſeſpoir envie le ſort de celui qu'il a tué.

La belle dont je me trouvois le ſigisbé paroiſſoit cruellement ſouffrir du ſilence auquel elle étoit depuis quelques inſtans réduite. J'abhorre le ſang, dit-elle, mais le duel me répugne moins que le ſuicide. Il offre au moins l'image d'une juſte défenſe, & ſi la vengeance eſt douce, elle eſt odieuſe quand elle n'eſt pas accompagnée d'un danger qui l'annoblit. On ne ſe bat plus aſſez, & l'on ne s'en tue pas moins. Voyez comme cette manie venue de la ſombre Angleterre s'eſt répandue dans tous les pays. Mon homme de Vienne nous a dit que cette mode, car c'en eſt une, s'étoit accréditée dans le ſien à un point inconcevable. Les ſuicides ſe ſont même formé un code, ſe ſont preſcrits des uſages qui prouvent l'importance qu'ils attachent à cet acte de démence. Ils font des teſtamens où ils proteſtent qu'ils jouiſſent de toute leur raiſon. Celui qui demande la bourſe ou la vie, peut de même aſſurer qu'il eſt le plus honnête homme du monde. Un officier qui s'eſt derniérement brûlé la cervelle à Vienne, avoit fait le même étalage de bon ſens dans un teſtament où il donnoit tout ſon bien à l'hôpital. Cela n'a pas empêché que les tribunaux ne prononçaſſent contre la raiſon dont il ſe targuoit. Ses diſpoſitions ont été annuelles & ſes héritiers naturels ſe conſolent avec ſa fortune, du petit chagrin d'avoir eu un fou dans leur famille.

Mais en vérité, voilà de ſinguliers propos de bal, interrompit un maſque qui venoit de s'aſſeoir auprès de nous. C'étoit le marquis. Je lui rendis avec bien de la joie le fatal dépôt qu'il m'avoit confié.

LE CAFÉ
DU CAVEAU.

A peine faiſoit-il jour & déja une compagnie nombreuſe étoit raſſemblée à ce célebre rendez-vous. Tous les matins l'avidité & la curioſité y établiſſent leurs bureaux. J'y vis d'un côté une troupe de ces joueurs qui ſe ruinent & s'enrichiſſent, en faiſant varier par l'opinion la valeur de ce qu'ils poſſedent; de l'autre ces hommes qui, n'ayant pour richeſſe que leur imagination, cherchent à la convertir en quelque choſe de réel & à monnoyer leurs rêveries : enfin les agioteurs & les faiſeurs de nouvelles; deux eſpeces de gens oppoſés en tout & qui ſe ſervent mutuellement. Je m'aſſis à portée d'entendre les uns & les autres : voici ce que j'ai retenu.

Bulletiniſte A. Meſſieurs, on écrit de *Varſovie* que le roi a propoſé à la diette de hauſſer de 10 pour cent la valeur des ducats polonois, & de *Vienne*, que l'empereur veut baiſſer la valeur des ſiens. N'y auroit-il pas quelque choſe à faire là-deſſus ?

Agioteur A. Oui, certes...... écoutez : ſi l'on veut me donner 4 pour cent de prime, je fournirai à Varſovie, huit jours après la clôture de la diette, 3000 ducats au cours actuel, &, à la même époque, j'en acheterai à Vienne 3000 au cours d'aujourd'hui.

Agiot. B. Pour moi, je ne m'aviſerai jamais de ſpéculer dans les pays où je ne puis influer.

Bullet. B. Eh, meſſieurs, ne ſommes-nous pas à vos ſervices pour tous les pays du monde ? Il n'en eſt pas un où l'on ne me liſe & où l'on ne me croie.

Agiot. B. Cela eſt modeſte ; mais je ne voudrois pas mettre ma fortune ſur cette aſſertion. L'interprétation que vous avez faite de la lettre du miniſtre aux adminiſtrateurs de la caiſſe d'eſcompte, & le bruit que vous avez répandu du prétendu projet de banque nationale qui devoit culbuter cet établiſſement, n'auroient pas fait baiſſer ſes actions d'un écu, ſi nous n'avions pas été là pour accréditer vos menſonges. Mais pourquoi l'empereur veut-il baiſſer la valeur de ſes ducats ?

Bull. A. Eh! pour arrêter l'exportation de l'argent, la valeur des deux métaux n'étant pas proportionnée.

Agiot. A. Les eſpeces veulent être dans un mouvement continuel. L'agiotage eſt la force centripete qui les retient. Voyez, depuis qu'il regne ici, combien l'or & l'argent y abondent. C'eſt là le moyen par excellence.....

Bull. C. De détruire l'induſtrie, le commerce, toutes les véritables ſources de richeſſes.

Agiot. B. L'abbé tarde bien à venir. Sans

lui nous ne pouvons arrêter le plan de notre journée ; en attendant dites-nous donc, messieurs, où en sont les affaires politiques ?

Bullet. A. Il paroît clair que les puissances intéressées à la conservation de la paix générale, doivent laisser le stadhouder rentrer dans ses privileges & prérogatives : car on écrit de la Westphalie qu'il y a des mouvemens sérieux dans les troupes prussiennes. JOSEPH étant d'accord avec FRÉDÉRIC-GUILLAUME, & l'Angleterre ayant un intérêt bien réel à les seconder, l'affaire seroit chaude.

Bull. B. Ne savez-vous pas qu'un nouvel orage gronde sur l'escaut ? Dans le traité de 1785 conclu à Fontainebleau entre l'empereur & les états généraux, il a été convenu, art. II. *que toutes les stipulations du traité de Munster seront conservées en tant qu'il n'y aura pas été dérogé par le présent traité.* Il est donc évident que le traité de Munster & celui de Fontainebleau sont maintenant la seule base du droit public entre l'empereur & les provinces-unies. Tous les traités intermédiaires sont annulés par cette clause, & il n'existe plus aucun engagement qui puisse s'opposer à la libre navigation des vaisseaux impériaux aux Indes.

Bull. C. Si cette stipulation du traité de Fontainebleau n'est pas un acte de prudence politique, le parti qu'on en peut tirer est une découverte heureuse.

Bull. A. L'honneur en est dû à M. *de Rau-*

tour de Raetshoven, qui a envoyé à Vienne un mémoire à ce ſujet. D'après cela l'alliance du roi de Pruſſe promet au commerce des ſujets de l'empereur plus d'avantages que la conférence de Mohilow ne leur en a jamais fait entrevoir.

Bull. B. Le ſucceſſeur des Céſars rentrera par là dans les droits de ſes ancêtres. En fouillant près de Nellore ſur la côte de Coromandel, on vient de découvrir des pieces de monnoie portant l'empreinte de Trajan, d'Adrien, de Fauſtine. N'eſt-ce pas une preuve des relations que les Romains ont eues dans ces pays : ces peuples ſe ſont-ils montrés quelque part ſans y dominer, & ces titres n'en valent-ils pas beaucoup d'autres ?

Bull. A. Puiſſe le regne de JOSEPH II. être auſſi long qu'il ſera brillant ! Combien n'offre-t-il pas déja de conquêtes plus glorieuſes que celles qui coûtent des millions d'hommes !

Agiot. A. Je révere & j'admire ce grand ſouverain ; mais je trouve ſes principes de finance un peu durs. Nous autres qui ne ſervons pas pour la gloire, nous n'aimons pas qu'on regarde de ſi près à nos mains, & il en faut toujours revenir à dire que les financiers ſont les *colonnes de l'état*. Que diroit-on du propriétaire d'un peſant édifice, s'il cherchoit à affoiblir les colonnes qui le ſupportent ?

Bull. C. Vous ne parlez pas ſérieuſement, M. Joſſe : que diriez-vous ſi votre caiſſier s'approprioit la moitié de vos revenus. Heureux le pays dont les adminiſtrateurs ne ſont pas obligés de ſouffrir qu'on vole l'état!

Bull. A. L'affaire de MM. du département des vivres va de mal en pis, & l'on me mande que tous les jours on découvre de nouveaux coupables.

Bull. C. Si l'on uſoit ici de cette juſte ſévérité, le peuple ſeroit moins chargé d'impôts; de fréquens emprunts ceſſeroient d'être néceſſaires, & bien des gens qui éclabouſſent les paſſans ſeroient occupés à nettoyer les rues.

Agiot. B. J'aimerois mieux, ce me ſemble, que l'on m'ôtât la vie. Je ne comprends pas comment ceux qui paſſent de l'opulence à ces viles fonctions ne meurent pas de honte; mais, ſuivant un voyageur que j'ai queſtionné, le halage des bateaux en Hongrie eſt bien pire encore. Il m'a dit que de 150 malheureux qui y avoient été envoyés, il n'en reſtoit plus, à ſon paſſage, que 25. Les conducteurs de ces forçats ſont des grecs qui n'ont d'humain que la figure & qui les maltraitent cruellement.

Bull. C. Il faut que l'habitude du crime ſoit bien difficile à détruire, puiſque ces terribles exemples ne peuvent la réprimer. Les grands & les petits voleurs abondent par-tout, & l'on en trouve à Vienne comme ailleurs. Malgré la bonne police qui y eſt établie, il s'y eſt fait beaucoup de vols au commencement de la mauvaiſe ſaiſon. On m'en a raconté un aſſez ſingulier. Le 1er. Novembre à minuit, trois coquins ont arrêté dans cette ville, en présence d'une sentinelle, une voiture où se trouvoient deux personnes qui ont fait résistance. La sentinelle voyant qu'aucun garde de police ne paroissoit, a quitté son poste, s'est saisie de l'un des brigands & les deux autres ont pris la fuite.

Agiot. A. Mais sommes-nous ici pour conter des historiettes ?......

Bull. B. En voici une plaisante qui nous ramenera sur la politique. Au café de *Milano* à Vienne, on discutoit cette question, si la Russie feroit la guerre aux Turcs ? Un français qui se trouvoit là s'avisa de dire : *le roi mon maître ne le permettra pas.* Sur cela un allemand le prit par la queue & le poussa dehors en lui disant : *le roi ton maître n'est pas le nôtre....*

Bull. B. Et l'affaire en resta là ?

Bull. C. Eh bon dieu ! qui ne sait que le peu de considération dont les français jouissent dans l'étranger, doit s'attribuer à la légéreté avec laquelle on nous juge d'après une foule d'especes qui vont promener dans toute l'Europe leur impertinence & leur étourderie !

Agiot. A. Voici l'abbé : adieu, MM. nous allons parler d'affaires plus sérieuses.

Bull. A. Et nous, voyons comment nous remplirons notre tâche. Il nous faudra du remplissage, car le voyage même de Fontainebleau s'est écoulé sans nous fournir la moindre nouvelle. Des actes de bonté, d'humanité, de justice de la part de nos maîtres : ce n'est rien de neuf.

Bull. B. Bon ! si la France ne nous fournit rien, fouillons dans les cabinets étrangers, dans l'avenir même. Je vois d'abord l'Angleterre, en vertu de son nouveau traité de commerce avec l'empereur, envoyer un navire armé en flute jusqu'au milieu d'Anvers, & rendre la liberté à l'Escaut sans que la cour de Vienne paroisse avoir une part directe à cette nouvelle tentative....

Bull. A. Oui, & de suite des compagnies pour le commerce des deux Indes se former dans les Pays-Bas Autrichiens ; Anvers recouvrer sa premiere splendeur & rappeller dans son sein les richesses & une partie même des habitans que la Hollande lui a enlevés....

Bull. C. Doucement, messieurs ; & croyez-vous que la France voie tranquillement s'effectuer une révolution qui lui feroit perdre au delà des avantages qu'elle a pu recueillir de la derniere guerre ; croyez-vous que la Hollande laisse dormir ses millions & ses amirautés, dans un instant où il s'agiroit aussi essentiellement de l'existence de la république ? Une juste prévoyance est le véritable motif de la ferme résistance des patriotes dans les divisions actuelles de la république, & c'est ce qui me fait croire que le Stadhouder ne recouvrera ses prérogatives que si l'on parvient à en séparer toute influence dans les opérations politiques de la nation.

Bull. B.

Bull. B. La France me paroît à peu près dans la même position qu'en 1770, lorsque la cabale opposée au duc de Choiseul, fit servir à la perte de ce ministre, les grandes vues, le sage projet qui devoient mettre le comble à sa gloire & relever celle de la nation en humiliant nos fiers rivaux. L'habile ministre qui a fait la paix de 1780, a commencé à remettre la France à son rang. La guerre est un terrible fléau, mais, lorsque pour l'éviter, on se laisse dépouiller d'une partie de ses armes, on ne fait que la reculer & en préparer une désastreuse. Je ne balancerai point à dresser à nos ministres, dans ma prochaine feuille, ce que le maréchal de Villars a répété tant de fois au cardinal de Fleury; je leur rappellerai l'exemple de ces tems, & il me sera facile de leur prouver qu'il n'y a pas un instant à perdre pour achever d'affermir par un acte de vigueur notre prépondérance dans l'Europe. Les coffres de la Hollande nous sont ouverts : employons-les à nous assurer pour jamais la disposition des forces de la république contre nos ennemis naturels.....

Agiot. B. Il est dommage, messieurs les tuteurs des rois, les juges des ministres, que vos pupilles ne vous écoutent & ne vous lisent point. Souvenez vous que ce sont de petits ingrats qui pourroient payer votre zele par quelques mois de Bastille, comme cela vous est plus d'une fois arrivé.

Agiot. C. Ne savez-vous pas que ces mesſieurs ſont ſous la ſauvegarde de la police & que leurs feuilles ne courent point le monde avant d'avoir été revues & corrigées ?.... Mais voici neuf heures, allons demander la bénédiction du ciel ſur nos opérations & commencer nos courſes.

Bull. B. Puiſque nous ſommes ſi courts ſur le chapitre de la politique, rejettons-nous ſur celui des anecdotes. Je viens d'en apprendre une qui forme un chapitre eſſentiel de l'hiſtoire des tribunaux. Un prince revenoit d'une partie de chaſſe avec le chef d'une cour ſouveraine. L'eſſieu de la voiture caſſe à trois lieues de la ville & à une aſſez grande diſtance de toute habitation. La nuit approchoit, le tems étoit affreux. Plutôt que d'attendre ſans abri l'arrivée d'une autre voiture, le prince prend gaiement le parti d'aller à pied juſqu'à la ville : mais le magiſtrat d'une énorme corpulence, ne put s'y réſoudre ni ſe déterminer à monter un des chevaux de caroſſe. Sur ces entrefaites paſſe une laitiere dans une petite charette couverte de toile cirée : le prince y monte, le magiſtrat s'y fait hiſſer non ſans peine. Une botte de paille leur ſert de ſiege à tous deux. *Ceci me rappelle*, dit en riant, ce dernier, *le luxe de nos bons ayeux où l'on voyoit le dimanche M. le préſident avec ſa famille, aller pompeuſement à la meſſe dans une charette garnie de paille fraîche que le fermier étoit obligé de fournir.* Les deux voyageurs ne ſe firent point connoître. Ils questionnerent la laitiere sur son commerce, sur ses facultés. *Je vivrois bien*, dit-elle, *avec mes vaches & mes poules sans un maudit procès qui me ruine & qui dure depuis quatre ans.* Le magistrat lui conseille de faire faire un précis de son affaire & d'aller le présenter elle-même au chef du tribunal. --- *Eh! ne faudroit-il pas graisser la patte du secretaire! Nenni, ma frique, j'ai déja assez jetté d'argent dans la riviere ; je voudrois y voir au fond de l'eau, les avocats, les procureurs & les juges.* On peut juger combien les boutades de la bonne femme firent rire le prince & le magistrat. Celui-ci insista tellement sur le précis qu'elle promit enfin de suivre son conseil. Elle tint parole. Tremblante d'effroi, quand elle reconnoît le même homme à qui elle avoit parlé si légérement, elle se jette à ses pieds. Le magistrat la rassure en lui promettant qu'elle verra bientôt que tous les juges ne méritent pas d'être jettés dans la riviere. Au bout de quatre jours elle gagne son procès avec tous les dépens. Le magistrat a payé ainsi, sans bourse délier, un service essentiel. Le prince a donné deux louis à la laitiere & lui a fait une pension de 100. liv.

La ravissante toilette d'un petit-maître qui entra dans ce moment pour prendre sa *bavaroise*, suspendit les bavardages des nouvellistes. On en eut pour long-tems à considérer la variété des objets qu'offroit la garniture des boutons de son habit. Chaque bouton (ffroit, ſous un criſtal entouré de perles, un Teniers, un Van-huyſum ou un Roſalba. C'étoit une collection complette de tableaux de toutes les écoles. Je me retirai pour méditer ſur les moyens de m'illuſtrer par l'invention de quelque mode auſſi ingénieuſe, avant que le retour de la noble & décente ſimplicité de nos ancêtres vienne fermer cette brillante carriere aux hommes de génie.

VERSAILLES.

Le baron D*** que l'on m'avoit adreſſé de Vienne, étoit arrivé à la fin du voyage de Fontainebleau. Il brûloit de voir un monarque dont l'extérieur annonce la bonté qui le caractériſe, & dont les actions montrent que cette qualité précieuſe n'eſt point incompatible avec la fermeté & une ſévérité juſte. Je vais m'enorgueillir, me diſoit-il, des tranſports de la reconnoiſſance d'une nation ſenſible, envers la fille & la ſœur de mes maîtres, je me retrouve dans ma patrie en voyant les Français partager mes ſentimens pour le ſang de Marie-Thérèſe. Il me preſſa de le conduire à Verſailles.

Livré à cette douce émotion que le Français ne manque jamais d'éprouver à la vue de ſon roi, je jouiſſois doublement en m'appercevant que le baron éprouvoit une impreſſion ſemblable. Nous étions au lever du roi. --- Voilà, me dit-il, comme à Vienne, un pere au milieu de ſes enfans; mais chez nous les rangs diſparoiſſent auprès du ſouverain; pourquoi ne vois-je ici que de grands ſeigneurs? Combien de jouiſſances l'étiquette fait perdre à un maître adoré! Ces hommages valent-ils l'embraſſement de la bonne femme de Houdan ?.... (1)

Etant revenus dans la galerie, nous ſuivîmes la belle ducheſſe D** qui entroit chez la reine. Le baron ſe croyoit tranſporté dans le temple de la bienfaiſance & de la beauté. Son premier mouvement fut de ſe proſterner. ---- Qu'il eſt doux, s'écria-t-il en quittant ce ſanctuaire, d'obéir aux vertus que les graces décorent ! Combien j'ai de droits ſur vous, ſur vos compatriotes, mon ami ! ſouvenez-vous que c'eſt mon pays qui vous a donné MARIE-ANTOINETTE !

Nous allâmes, chez le miniſtre des affaires étrangeres. Le baron vit avec vénération ce vieillard couronné d'olivier, qui unit aux plus grands talens, l'amour du travail qui les rend utiles ; au génie de l'homme d'état, la ſimplicité & l'affabilité qui le caractériſent, mais qui ne l'accompagnent pas toujours dans les grandes places ; à la haute faveur du ſouverain, l'éloignement de l'eſprit d'intrigue dont ci-devant à notre cour, il falloit être l'agent ou la victime. ---- Je n'ai point approuvé, dit le baron, toutes les opérations politiques de ce grand homme ; j'ai entendu ſouvent criti-

---

(1) *Le roi paſſant à Houdan, dans ſon voyage de Cherbourg, la femme du chirurgien de l'endroit, vint ſe précipiter à ſes pieds, ſans autre aiguillon que l'amour de tout François pour ſon roi, ſans autre objet que de rendre à ſon ſouverain un hommage déſintéreſſé. S. M. lui permit de l'embraſſer.*

quer avec avantage ſes plans & ſon ſyſtême ; mais juſqu'ici le ſuccès les a juſtifiés, & comment refuſer ſon admiration au miniſtre qui a mérité le titre de PACIFICATEUR DE l'EUROPE ?

L'hôtel de la marine nous offroit un ſpectacle différent, & reçut du baron le même tribut & le même hommage. Le miniſtre ſortoit de ſon cabinet pour donner une audience publique. Ce moment frappa nos yeux de l'appareil le plus impoſant. Le dépoſitaire de la confiance d'un grand ſouverain ne peut s'annoncer avec plus de nobleſſe & plus de dignité. Vous voyez, dis-je au baron, un chevalier français qui a les vertus, l'énergie, la loyauté de ſes ancêtres, l'élégance du ſiecle & la magnificence convenable à un rang élevé. Sous des cheveux que de longues études ont blanchis, il conſerve le feu de la jeuneſſe : de profondes connoiſſances, le fruit de veilles continuelles depuis trente ans, le rendoient propre à ſervir ſon roi & ſa patrie dans tous les départemens : celui qu'il régit lui a déja obtenu la reconnoiſſance & les éloges d'une nation accoutumée à ne point les prodiguer aux miniſtres. Graces à monſieur le maréchal de Caſtries, ſi nous devons un jour ſubir encore le fléau d'une guerre maritime, nous ne craindrons plus de voir nos armes flétries par les ſuites funeſtes de l'inſubordination.....

L'audience de monſieur le contrôleur-général étonna ſingulièrement le baron. Il ne pouvoit concevoir qu'un miniſtre, au ſortir des travaux les plus abſtraits, parlât avec autant de facilité, ſur cent objets différens à cent perſonnes qui ſe retiroient toutes également ſatisfaites de l'affabilité de ſon accueil, de la ſagacité avec laquelle ſaiſiſſoit leurs propoſitions & de la préciſion de ſes réponſes. --- J'ai été refuſé, dit un des demandeurs en paſſant près de nous, mais je dois convenir que monſieur de *Calonne* eſt l'homme de France le plus aimable & qui a le plus d'eſprit.

Nous ne pûmes voir les autres miniſtres. Le baron les jugea par le rapport même des mécontens, & il ſe vit forcé, malgré les préventions qu'il avoit apportées, de féliciter la nation ſur les chefs qui la gouvernent. --- Puiſſent vos adminiſtrateurs, me dit-il, achever dans une longue carriere le bien qu'ils ont entrepris de faire! L'habileté de l'un vous promet la continuation d'une paix ſalutaire, pendant laquelle vous verrez une marine que ſes forces & la bonté de la diſcipline rendront également redoutable, s'élever par les ſoins de l'autre, & le chef des finances libre des engagemens énormes qui néceſſitent l'uſage de reſſources forcées, exercer ſes grands talens ſans obſtacles. Je ſens maintenant, ajouta le baron, que toutes les formes d'adminiſtration peuvent produire le bien. Mais il faut avouer que la vôtre eſt extrêmement compliquée, & apporte dans les opérations du gouvernement une lenteur, des doubles emplois de travail, peut-être même quelquefois un défaut d'ensemble qui ont beaucoup d'inconvéniens. Le conseil d'état est pour tous les chefs de départemens un point de réunion, un centre où les principales affaires se rapportent; mais toutes n'en sont point susceptibles, & la célérité souvent nécessaire devient impossible. JOSEPH a de grands ministres, & l'expérience prouve que sa chancellerie secrete facilite & accélere singuliérement leurs travaux. Les affaires instantes ou majeures passent sous les yeux du souverain; un tuyau qui communique de son cabinet au bureau de ses secrétaires, leur transmet les ordres qu'ils doivent expédier, & de cette maniere, tout ce qui se fait est conforme aux grandes vues du maître, les dépositaires de son autorité suivent une marche sûre; aucune influence ne peut y jetter de l'incertitude. C'est ainsi que Frédéric a gouverné; mais il faut convenir que ce souverain a poussé à l'extrême le desir de tout voir, de tout faire par soi-même, & qu'il en est résulté des maux que l'étendue de son génie n'a pu lui faire éviter. On m'a assuré que son successeur aussi laborieux que FRÉDÉRIC le grand, mais éclairé par cette expérience, & trop peu confiant dans ses propres lumieres, veut que rien ne lui parvienne qu'avec un rapport des dépositaires de sa confiance....

Je craignois que le baron ne s'engageât dans une éternelle dissertation sur l'art si difficile de gouverner les peuples, lors qu'heureuſement nous fûmes interrompus par un étourdi de ma connoiſſance qui m'aborda avec de grands éclats de rire. --- La plaiſante choſe que le mariage, me dit-il ! Je viens d'entendre C. témoignant ſon embarras à D. ſur la maniere gotique dont on s'y prend dans les deux familles au ſujet de l'alliance qui eſt enfin décidée. *Sais tu*, lui diſoit-il, *que je ferai une triſte figure au feſtin que ta femme donne : je n'ai de ma vie ſoupé chez elle. ---- Ma foi, ni moi non plus*, répondit le mari ; *allons y enſemble, nous nous ſoutiendrons.* En vérité cela reſſemble à l'hiſtoire de ce bourreau qui, conduiſant au gibet un pauvre diable, lui dit : *Je ferai de mon mieux ; mais je vous préviens que je n'ai jamais pendu. ---- Ma foi*, lui répondit le patiênt, *c'eſt auſſi mon coup d'eſſai ; je n'ai jamais été pendu ; nous y mettrons chacun du nôtre & nous nous en tirerons comme nous pourrons.*

---- Ah ! voilà le chevalier D***. C'eſt ſans doute une nouvelle grace à ſolliciter qui l'amene ici. Sa maniere eſt bizarre. Savez-vous comment il a obtenu une penſion, il y a quelques années ? C'eſt un brave officier qui s'eſt ruiné au ſervice. Las de courir inutilement chez les miniſtres pour ſolliciter de l'un la juſtice que ſon prédéceſſeur n'avoit pas eu le tems de lui rendre, il ſe préſenta au ſouper du roi, & s'étant placé de maniere à être vu & entendu, il s'écria dans un moment où le ſilence régnoit : *Sire....* Ceux qui étoient autour de lui cherchoient à le retenir : *Qu'allez-vous faire ? on ne parle pas ainſi au roi.* --- *Je ne crains rien*, reprit-il, &, parlant encore plus haut, il continue : *Sire....* Le roi ſurpris regarde & lui dit : *Que voulez-vous monſieur ?* --- *Sire, il y a près de cinquante ans que je ſers votre majeſté, & je meurs de faim.* --- *Avez-vous un mémoire*, lui demanda le roi ? --- *Oui, Sire, j'en ai un.* --- *Donnez-le moi.* Le roi le prit ſans rien dire de plus. Le lendemain un exempt des gardes aborda ce même officier dans la galerie & l'avertit que le roi vouloit lui parler. Il ſe rendit avec l'exempt dans le cabinet de ſa majeſté qui lui dit : *monſieur, je vous accorde* 1500 *liv. de penſion annuelle ſur ma caſſette, & vous pouvez aller recevoir la premiere année qui eſt échue.*

--- Avez-vous appris le danger que vient de courir le maréchal D.... ? Il a paſſé quelques jours à la terre du riche *de la* ***. Ils étoient en gaieté au deſſert avec quelques aimables convives ; un homme d'une taille giganteſque, armé d'un fuſil, entre, couche en joue l'aſſemble, menace de tuer le premier qui remuera & même tout le monde, enfin demande à la minute 12,000 liv. Le maréchal lui repréſenta qu'il feroit fort mal de tirer, attendu qu'il ne pourroit tuer qu'une perſonne & que les autres le feroient repentir de ſon procédé ; que d'ailleurs on n'avoit pas 12,000 liv. en poche ; mais qu'on alloit ſe cottiser & lui faire la plus forte somme qu'on pourroit. Pendant la négociation arriverent des domestiques qui saisirent l'homme par derriere & s'en rendirent maîtres après une longue défense. Il s'est trouvé que c'étoit un paysan des environs, jusques-là fort honnête homme, à qui la misere & le désespoir de ne pouvoir soutenir sa famille avoient tourné la tête.

Le baron ne tarda pas de s'ennuyer de la futile conversation de notre conteur d'histoires. Il auroit voulu apprendre des nouvelles politiques. ---- Venez-vous en chercher à Versaille? Eh, monsieur, nous attendons de l'étranger même celles qui nous concernent. On ne parle ici que de choses sans conséquence, & hor les cabinets des ministres on ne sait rien de ce qui se passe. C'est de la ville que nous est venue la nouvelle de tous les édits bursaux qui se préparent. On en annonce 18; ce sont peut-être 18 mensonges. Il faut de l'argent, la chose est certaine; mais je ne crois pas à ces impôts dont on nous menace sur des choses de premiere nécessité, comme domestiques, chevaux, chiens, voitures, &c. Eh! voudroit-on, dans un moment aussi chargé de besoins que celui-ci, supprimer des impositions auxquelles on est accoutumé? Ce troisieme vingtieme peut être prolongé à l'éternité, sans que je m'en plaigne, quant à moi.....

---- Vous pouvez, monsieur, interrompit vivement le baron, préférer une valetaille inutile, des chiens & des chevaux, aux maisons, aux terres, au commerce, à l'industrie de toute une nation, mais du moins, vous ne devez pas regarder comme une chimere les promesses sacrées que le souverain fait à son peuple.... J'ai lu quelque part qu'après le désastreux hyver de 1709, les finances françaises étoient dans le plus mauvais état; la guerre multiplioient les besoins; le contrôleur-général ne vit d'autre ressource que l'imposition d'un dixieme sur tous les immeubles. Le roi parla au fameux premier président de Harlay, qui promit l'enregistrement à condition que l'impôt cesseroit au moment de la paix. *Louis XIV* promit; le lendemain le parlement enregistra, & la cessation de ce dixieme fut publiée en même tems que la paix signée à Utrecht en 1713. Cet exemple n'a pas été suivi par le successeur de Louis XIV. Les besoins impérieux de la chose publique peuvent excuser des exceptions à une exactitude aussi ponctuelle, mais quand un luxe immodéré offre un champ vaste aux opérations fiscales, pourquoi balancer à faire tourner la folie de ceux qui s'y abandonnent, au profit de l'état & de la classe vraiment utile au peuple?

Vous venez, monsieur, du pays de la raison, reprit le jeune étourdi; vous devriez bien la faire entendre à vos voisins les Hollandois, & les décider à en finir. Avouez qu'il y a de quoi être excédé avec leurs lenteurs. Si l'on veut se battre, il n'y faut pas tant de façon. Si l'on veut finir par s'arranger, il est fort malhonnête à la république d'avoir mis toute l'Europe en alarmes pour sa querelle. On dit, car ici, encore un coup, il n'y a que des *on dit*, que le stadhouder & le peuple en sont aux complimens, & qu'il s'agit de savoir, si dans la négociation ils traiteront d'égal à égal ou comme souverain avec son sujet. Il ne faudra pas beaucoup de petites difficultés de cette espece pour faire traîner l'affaire jusqu'à ce que quelque grande révolution physique ou politique mette les deux parties d'accord. C'est un procès, comme tant d'autres, qui durera jusqu'à ce que le combat finisse faute de combattans. Que n'en suis-je le juge ? Le bon *la Fontaine* seroit mon *Cujas*. Le point est réglé au chapitre de *l'huitre & les plaideurs*.

La maniere leste avec laquelle nos agréables traitent les affaires les plus sérieuses étonna le baron. Il ne pouvoit concevoir que ces mêmes têtes fussent celles qui, parvenues à la maturité, honorent les grandes places par leurs lumieres & leur prudence. Le français, lui dis-je, parvient à la sagesse par la fermentation: c'est d'abord un torrent de lave, & quand il a terminé son cours, c'est une mine opulente formée de mille matieres précieuses qu'il a entraînées. L'énergie nécessaire pour faire de grandes choses se détruit à jamais quand une éducation forcée ou des mœurs trop séveres en arrêtent le développement. Celui dont les premieres années montrent le calme de l'âge viril, trouvera les glaces de la vieilleſſe à la moitié de ſa carriere.

Quelques graves perſonnages s'étant approchés de nous, le baron eut la ſatisfaction d'entendre parler de nouvelles. On s'entretint de la nouvelle guerre que les Marattes entreprennent, des embarras que les Tartares donnent à la Ruſſie, dans ſes nouvelles poſſeſſions, de la maladie du grand-ſeigneur, & des diſpoſitions guerrieres de ſon héritier préſomptif. Eh bien, dis-je au baron; vous auriez ſu tout cela hier, ſi vous aviez eu la précaution de lire les gazettes: reſtez quelque tems avec nous & vous conviendrez qu'on peut mieux occuper ſes loiſirs qu'à chercher dans des converſations ſemblables ce que l'on apprend en une demie-heure de lecture.

LA TABLE D'HOTE.

Il y a toujours bonne compagnie à l'hôtel D***. Lorſque nous y entrâmes, elle étoit déja raſſemblée autour d'une table immenſe, & les premiers mets ayant diſparu, la politique commençoit à diſputer le terrein à la gourmandiſe. -- Sandis, meſſieurs, diſoit un Gaſcon à la voix claire, un verbe haut, je vous l'ai répété cent fois; l'Europe eſt ce malade auquel il faut couper une jambe; on eſſaie tous les remedes; le mal empire; il faut enfin ſe déterminer à l'opération; le retard n'a fait que la rendre plus douloureuſe & plus riſquable. On ſe battra, je vous le répete : le roi de Pruſſe, l'Empereur, l'Angleterre retourneroient l'Europe comme un gand, ſi on les laiſſoit faire. Voilà encore ſur l'Eſcaut le premier cri de guerre. Les Autrichiens veulent uſer librement du port du *Haes Gras*; les Hollandois prétendent en avoir l'unique propriété, ils ont envoyé un bâtiment armé pour maintenir leurs droits; le gouvernement de Bruxelles a fait marcher de l'artillerie pour appuyer ſes prétentions. Qu'on ſe fonde ou non ſur le traité même de Fontainebleau, n'eſt-ce pas rompre en viſiere à la médiation qui l'a fait conclure? Saiſir ce moment, n'eſt-ce pas annoncer un parti pris, concerté pour parvenir à influer ſur les affaires intérieures de la république?.... -- M.

— M., interrompit mon baron ; permettez-moi de faire une toute petite objection à vos conjectures : c'est qu'il n'est point du tout prouvé que la cour de Vienne & celle de Berlin aient contracté ensemble les liens que vous supposez : on voit même que le cabinet de Versailles joue un rôle très-actif dans les affaires générales, & la mission de monsieur de Rayneval en Hollande montre clairement que l'époque d'une conciliation entre le stadhouder & ses adversaires n'est point éloignée.

Le Gascon. Eh, monsieur, si cela étoit, l'affaire incroyable de cet armement commandé en apparence, & contremandé en secret, pour Brest, ne s'envenimeroit pas de plus en plus, comme on le voit dans les gazettes : car tout se tient dans ce dédale. Le comte de Byland vient de se mettre sous la protection des états de Gueldres pour éluder des interrogatoires qui sans doute compromettroient l'amiral-général....

Le baron. C'est encore une preuve que tout s'arrangera. Les vieux péchés, s'il y en a, seront abolis dans un accommodement qui doit détruire tout germe de division, toute trace de mécontentement réciproque.

Le Gascon. On dit aussi qu'il s'éleve, à l'occasion des affaires ecclésiastiques, un refroidissement entre la cour de Vienne & celle de Munich. L'électeur Palatin ne devient-il pas le premier pilier de la barriere qui défendra la constitution germanique contre la réunion menaçante des deux aigles ?

Le baron. Avouons, messieurs, que lorsque l'on veut juger les souverains & pénétrer leurs secrets, d'après les rapports des gazettes, on fait éternellement un cercle vicieux qui ramene toujours à l'incertitude & à de vaines conjectures. Je viens de parcourir différens pays & j'ai vu par-tout que le desir, peut-être même le besoin de la paix, en assure bien mieux la durée que des traités vrais ou prétendus ne peuvent faire craindre la guerre.

--- Vous venez de l'Allemagne, monsieur, reprit un vieux chevalier de St. Louis; auriez-vous passez à Berlin? Parlez-nous du successeur de Frédéric, qui monte, dit-on, au temple de la gloire, par une route différente, mais aussi sûre & aussi prompte que celle par laquelle son prédécesseur y est parvenu.

Le baron. Oui. Tous les édits, tous les arrangemens que FRÉDÉRIC GUILLAUME a faits depuis son avénement, sont marqués au coin de la justice & de la bienfaisance. On lui a donné d'une voix unanime le surnom de *Bien-aimé.*

Le chevalier. Il falloit des vertus pour briller encore sur un trône que FRÉDÉRIC venoit de quitter. Après avoir aggrandi ses états, soutenu quatre guerres dangereuses, & combattu dans l'avant-derniere l'Autriche, la Russie, la Suede, la France & l'Empire; après s'être tiré victorieusement de ce combat long & sanglant, il a remis à son successeur une armée de deux cent mille hommes, un trésor immense, des magazins remplis de provisions de guerre & de bouche, en un mot un état qui joue en Europe un des premiers rôles & des plus glorieux, un état qui défend les droits & les libertés de l'Allemagne, un état craint & respecté de ses voisins. Ce n'est pas ainsi qu'a fini le destructeur *Alexandre* & son imitateur *Charles XII*, dont les empires, après leur mort, ne furent plus qu'un monceau de ruines; ce n'est pas ainsi que mourut *Louis XIV*, qui survécut, dans les bras de la dévote *Maintenon*, à la grandeur & à la célébrité que *Turenne* & *Condé* lui avoient acquises.

Le baron. Et voilà les avantages auxquels des speculateurs veulent que le nouveau roi renonce en abandonnant le systême politique qui est l'une des premieres bases de la gloire dont il a hérité.

Le chevalier. J'ai recueilli, autant que je l'ai pu, les traits propres à peindre cette ame grande qui a fait tant de choses admirables. Je vois que FRÉDÉRIC a quitté un empire florissant, est descendu dans le tombeau de ses ancêtres avec la résignation du sage, & qu'il est resté, jusqu'à ses derniers momens, fidele à ses principes. Ce qu'il avoit pensé dans la premiere vigueur du feu impétueux de la jeunesse, il l'a pensé encore avec un sang froid philosophique, avec la profondeur de *Newton*, au couchant de sa vie. Vous, philosophes hypocrites, vous qui tremblez aux approches de la mort, vous, Socrate, qui à l'aspect du poiſon, ſacrifiez aux dieux que vous mépriſiez pendant votre vie, apprenez que, ſous ce point de vue, FRÉDÉRIC a été également le plus grand des mortels.....

Le baron. Je ne penſe pas, monſieur, que vous ayiez deſſein de blâmer ſon ſucceſſeur, ſur le reſpect qu'il montre pour la religion.

Le chevalier. Frédéric étoit perſuadé que la juſtice humaine eſt le ſeul frein efficace qui puiſſe retenir les ſcélérats. Voyez, diſoit-il, la colere, le menſonge, la fornication, l'adultere, tous les crimes religieux, ceux ſur leſquels les loix ſont muettes ou indulgentes: la crainte des peines éternelles les rend-elle moins fréquens? Et comparez avec le nombre de ceux qui s'en rendent coupables, celui des voleurs, des meurtriers, de tous les criminels auxquels on montre l'échafaud.

Le baron. Ce n'eſt pas ici le lieu de diſcuter une queſtion ſur laquelle l'opinion de *Frédéric* forme certainement une autorité reſpectable, mais qui reſte encore à décider.

Le chevalier. Au reſte ſous ſon regne tous les cultes ont été protégés, & ſi ſes peuples ſe ſont crus quelquefois en droit de former des plaintes, elles n'ont eu d'autre objet que la rigueur indiſpenſable des impoſitions, les gênes qu'elles faiſoient éprouver au commerce, & la dureté de la diſcipline militaire.

Le baron. Le roi actuel a détruit l'adminiſtration financiere qui avoit tranſporté dans un pays de fabriques naiſſantes, le ſyſtême onéreux de perception qui énerve même un corps aussi robuste que la France. Les choses ont été remises sur le pied où elles étoient avant l'arrivée des *Candi*, des *Delaunai*, des *de Lâtre*.

Le chevalier. Il reste à savoir si les moyens qui seront employés pour remplacer le vuide occasionné par cette réforme dans les revenus du roi, seront plus favorables à la nation. Il me semble que l'imagination fiscale la plus fertile ne peut frapper que sur la culture ou sur l'industrie. Elle ne peut ménager l'une qu'en surchargeant l'autre, & dans un pays qui exporte peu ses fabrications, & qui tire de l'étranger beaucoup d'objets de consommation, l'alternative ne peut être douteuse.

Le baron. Quant au militaire, il est de fait que la gloire de servir un héros ne dédommageoit point les soldats de Frédéric du sentiment de leur malheureuse condition. Mais ils ne s'occupoient de leurs maux que pendant la paix; en campagne ils s'abandonnoient à l'entousiasme que leur inspiroit un tel chef.

Le chevalier. Mille traits en sont la preuve. Celui-ci est frappant. A la bataille de *Torgau*, le roi attaqua l'armée autrichienne par l'aile gauche de la sienne, & ce fut seulement vers le soir que le général de *Ziethen* s'empara des hauteurs de *Siplitz*, ce qui décida la victoire en faveur de l'armée prussienne. Il faisoit très-froid pendant la nuit qui suivit la bataille (du 3 au 4 novembre 1760), l'armée avoit allumé des feux; vers le matin le roi en longea le front, de la gauche à la droite. Arrivé au régiment des gardes, il mit pied à terre & s'assit près du feu; entouré des officiers & des grenadiers en attendant la pointe du jour, & décidé à recommencer le combat, si les Autrichiens ne s'étoient pas retirés, ce qu'il étoit difficile de savoir, à cause de l'obscurité de la nuit. Le roi parla beaucoup aux soldats, donna les plus grands éloges à la bravoure qu'ils avoient montrée pendant la bataille & les remercia du nouveau service qu'ils venoient de lui rendre & à la patrie. Les grenadiers qui connoissoient l'affabilité de ce grand roi, s'approcherent de plus en plus de sa personne, & l'un d'eux nommé *Rabiatz*, avec lequel sa majesté s'entretenoit souvent & auquel il avoit plus souvent encore donné de l'argent, fut assez hardi pour lui dire: --- *Mais, Fritz, où avez-vous donc été pendant la bataille? Nous sommes accoutumés à vous voir à notre tête & à être conduits par vous où le feu est le plus vif; aujourd'hui nous ne vous avons pas seulement apperçu; il n'est pas juste de nous abandonner.* ---- *Mon ami*, répondit le roi avec la plus grande bonté, *je n'ai pu vous guider moi-même & combattre avec vous, parce que j'ai été obligé de me tenir à notre gauche où étoit le fort de l'action.* La chaleur du feu commençant à gêner le roi, il déboutonna son surtout, & les grenadiers remarquerent qu'une balle tomboit de ses habits. Elle avoit labouré le long de sa poitrine, & l'on voyoit les trous qu'elle avoit faits aux vêtemens du monarque. Transportés ils s'écrierent : *Tu es encore notre Fritz, tu partages avec nous les dangers ; nous mourrons tous pour toi, vive le roi ! levez-vous, camarades ; attaquons les Autrichiens, en avant, marche !* Les officiers eurent beaucoup de peine à les retenir & à leur faire comprendre que ce n'étoit pas le moment d'entreprendre une nouvelle attaque.

Le Gascon. Ces grenadiers là étoient dignes d'être Français.

Le baron. Chez toutes les nations, des mécontentemens passagers le cédent toujours au sentiment de la justice, à celui même de la reconnoissance. Il est dans l'homme de donner difficilement sa confiance à l'autorité ; toutes les innovations déplaisent au peuple : les moyens nécessaires pour maintenir le bon ordre ou pour en établir un meilleur, sont d'abord mal reçus de lui, mais il ne tarde point à ouvrir les yeux ; un souverain juste & éclairé, tel sévere qu'il soit, telles réformes qui veuille introduire, est sûr d'être adoré. JOSEPH en est un exemple. L'événement a justifié la hardiesse avec laquelle il a heurté de front des préjugés invétérés, des abus consacrés par le tems, des corps regardés jusqu'à lui comme redoutables par les souverains même. Par-tout où frappe son génie réformateur, il est obéi sans murmure, & les applaudissemens de tout son peuple étouffent les sifflemens de l'hydre dont il abat successivement les têtes. Celles de la chicane sont en ce moment sous la hache vengeresse. Le nouveau code commençoit à paroître, lorsque j'ai quitté Vienne. La premiere partie de ce grand ouvrage, concernant *les personnes*, venoit de sortir de la presse; on attendoit incessamment la publication de la seconde concernant *les choses*. Ce code qui abolit toutes les anciennes loix, est, à ce que l'on assure, un chef-d'œuvre.

Le chevalier. Pourquoi un travail aussi important & aussi nécessaire a-t-il si promptement & si facilement atteint chez vous l'état de perfection, tandis qu'en France, on s'en occupe inutilement depuis longues années?

Le baron. L'oserai-je dire? De tous les préjugés le plus dangereux est celui qui identifie l'attachement aux anciennes idées, à de vieux usages, avec ce que l'on appelle *l'esprit de corps*, qui devroit être synonime à l'amour du bien public. Voyez le réquisitoire de monsieur *Séguier* contre le généreux *Du Pati*: qu'est-ce sinon une apologie embrouillée par une inutile érudition, de cette même jurisprudence criminelle qui a fait périr des milliers d'hommes dont l'innocence a été reconnue après leur supplice? Un médecin livré de bonne foi à une doctrine meurtriere, peut douter de la bonté de celle qu'on lui propose d'y substituer; mais, avec des intentions droites, il écoute sans humeur les conseils d'un confrere qui l'avertit de l'aveuglement dont ses malades deviennent les victimes.

Le chevalier. Mon frere avoit été affublé d'une charge de conseiller. Il l'a vendue deux heures après avoir signé pour la premiere fois la sentence de mort d'un assassin. Je lui ai souvent entendu dire : *le malheureux a été jugé dans toutes les regles, mais je ne suis pas convaincu qu'il fût coupable.*

Le baron. Votre frere étoit un honnête homme, & monsieur *du Pati* est un homme vertueux, puisque, pour employer les termes de monsieur *Séguier* même, il a eu le courage de *se placer entre le trône & la magistrature, de déclarer la guerre, en présence du souverain, aux erreurs des principes*, & de concevoir le dessein *de réconcilier l'humanité avec la législation.*

Le chevalier. Il me semble que monsieur Séguier fait dans cette phrase l'éloge de son adversaire. Notre monarque veut le bien ; il aime la vérité, & c'est *en sa présence* qu'il doit être permis de la dire, lorsqu'il ne l'est pas toujours de la présenter au peuple.

Le Gascon. Eh, messieurs ! la vérité ne naît-elle pas du choc de la discussion ? Ne vous plaignez point de ces combats ; ils tournent à son profit. Vous verrez sous LOUIS XVI, la jurisprudence criminelle réformée, comme tant d'autres parties qui ont déja commencé à l'être. L'influence des corps & des hommes puissans n'empêche plus le bien que le gouvernement veut faire. Les édits & les déclarations que l'on expédie en ce moment même vous en fourniront la preuve. Les proteſtans y verront la France diſpoſée à leur rouvrir les bras ; l'altiere opulence va partager avec les malheureux le fardeau des impoſitions ; l'abolition de la corvée en nature , tentée par monſieur Turgot , réſultera d'autant plus ſûrement des nouvelles diſpoſitions , qu'un eſſai de trois années aſſurera la juſteſſe des meſures priſes pour la remplacer à prix d'argent ſans ſurcharger les contribuables.....

Le chevalier. LOUIS XVI en parcourant ſon royaume , recueillera de toutes parts les bénédictions de ſon peuple.

LA VISITE
DU MÉDECIN.

Il eſt fâcheux pour la marquiſe D***. qu'il ne ſoit point venu à la mode de choiſir des ambaſſadeurs de ſon ſexe. Elle auroit joué un rôle brillant dans cette carriere. Et pourquoi elle eſt interdite aux femmes ? L'empire des graces, une fineſſe de tact, une ſagacité qui ſemble n'avoir pas beſoin de l'expérience, l'art de ſéduire, les rendent ſi propres aux négociations ! Il y a de l'injuſtice à les priver de l'honneur attaché à des fonctions qu'elles ont ſouvent remplies avec tant de ſuccès.

La marquiſe D**. réunit à tous ces avantages, un goût décidé pour la politique. Les têtes diplomatiques les plus graves forment ſa ſociété chérie, elle s'étudie à pénétrer leurs ſecrets, & le plaiſir de guetter celui qui peut ſe laiſſer entrevoir dans la vivacité de la diſcuſſion, lui tient lieu de tous les amuſemens des femmes de ſon âge. Elle cherche des armes dans ces écrits faſtidieux où la curioſité ſe repaît chaque jour de menſonges impoſans mêlés à des vérités indifférentes. Elle s'exerce dans la ſociété des nouvelliſtes de profeſſion qui ſont pour elle ce que les alchymiſtes ſont pour les dupes entichées de la pierre philoſophale. Tout ce qui entoure la marquise doit être nouvelliste. On n'ose l'aborder sans avoir dévoré l'ennui des mille & une gazettes du jour : ne vous présentez point devant elle sans avoir une réponse prête à cette éternelle question : *Qu'y a-t-il de nouveau ?* Ses gens sont occupés à faire des extraits de lettres de l'étranger, à copier des plans de conciliation entre les puissances, à chercher dans l'histoire & dans les anciens traités, des passages relatifs à la situation actuelle du monde politique.

Mariée depuis quelques mois, la marquise se flatte de donner le jour à un des grands négociateurs, des habiles ministres qui doivent illustrer le dix-neuvieme siecle. Je me suis présenté ce matin pour lui faire ma cour. Près de l'anti-chambre, j'ai rencontré la savante *Adele*, sa premiere femme, qui a déja appris par cœur la moitié des œuvres de *Pfeffel*. --- Ah, M. quelle trouvaille, me dit-elle avec enthousiasme ! Ma maîtresse est avec son médecin. On étoit étonné de son choix : cet homme divin n'a point la célébrité qu'il mérite. J'ai écouté la conversation : il parle politique comme si tous les cabinets de l'Europe lui étoient ouverts. Venez ; ma maîtresse sera ravie que vous participiez à son bonheur. J'entrai en félicitant intérieurement la marquise de ce que la politique la délivroit de la médecine, même par l'organe du médecin. Dès qu'elle m'apperçut, elle me fit un signe qui vouloit dire : *ne nous interrompez pas, écoutez cet oracle.* Il en étoit aux craintes d'une guerre dans le levant. Voyez, disoit-il, la déclaration que la *Porte Ottomane* vient de faire en face de la nation qu'*elle n'a jamais consenti à la cession de la Crimée ; qu'elle a toujours espéré que la Russie dégoûtée par les hospitalités des Tartares, abandonneroit d'elle-même une possession qu'elle ne peut conserver, enfin que, s'il le faut, la Porte soutiendra ses droits avec toute l'énergie propre à lui restituer la jouissance.* C'est ce qui arrivera bientôt, ajouta le docteur ; le grand seigneur est sur les bords du cercueil : Selim recouvrera ce que la mollesse de son prédécesseur a fait perdre à l'empire de Mahomet.

Mais, monsieur, osai-je interrompre, ne pensez-vous pas que dans un tems où l'on semble si attentif à prévenir le développement de toutes les semences de guerre ; la Turquie sera elle-même soumise à l'influence des génies pacificateurs ?

Bravo, bravo, reprit le docteur. Oui, M. je vois clairement la possibilité de tout arranger. Le commerce de la mer noire est important pour toutes les puissances de l'Europe ; ainsi elles ont un intérêt réel à desirer que ses clefs soient entre les mains de plusieurs souverains naturellement désunis. Si le Turc pouvoit jamais devenir une puissance redoutable, le vœu général devroit le repousser en Asie. Pour qu'il ne cessât point de former un contrepoids avec la Russie, j'assurerois sa domination sur les états Musulmans qui se refusent à son joug ; je lui donnerois la Perse & une portion de l'Arabie ; je voudrois qu'il renonçât à toute connexion avec l'Afrique où je vois une foule de nids de pirates faciles à convertir en un ou deux grands états policés : alors en arrondissant les possessions de la Russie & du roi de Prusse par le démembrement de provinces septentrionales de la Pologne, je forme du reste & de la Turquie européenne partagée avec le roi de Hongrie, un grand royaume qui servira de barriere entre tant de voisins puissans ; les mers du levant environnées de ports Polonois, Autrichiens & Musulmans seront libres pour tous les pavillons & deviendront le centre d'un commerce immense......

--- Cela sera, M. assurément très-beau ; mais avant d'arranger cette bagatelle, il en est quelques autres plus pressées, ce me semble....

--- Vous voulez parler, continua le docteur, des troubles de la Hollande & des prétentions sur l'Escaut. Nous avons terminé cet article avant votre arrivée, madame la marquise & moi. L'Escaut doit être libre ; c'est une vérité incontestable qui a été reconnue, même lorsque l'on a conclu le traité de Fontainebleau. Le moment n'étoit pas encore venu d'employer les grands remedes pour guérir le mal dont l'Europe est attaquée. Jusqu'à la crise qui la tirera d'affaire, il faudra continuer l'usage des palliatifs. Mais si la Hollande se refuse aux calmans prescrits par ses médecins ; il faudra nécessairement en venir aux scarifications & à l'amputation de quelques membres. Par exemple la France, l'empereur & le roi de Prusse se distribueront quelques places de la généralité en forme de dédommagement des sacrifices que chacun d'eux aura à faire d'une partie de ses intérêts ; pour opérer un rapprochement entre les deux factions qui divisent la république.... D'ailleurs ce sera un pas de fait vers la grande révolution qui se prépare....

--- Cette grande révolution, monsieur, est elle-même, je crois, un palliatif merveilleusement inventé pour calmer la soif ardente des nouvellistes.

Vous êtes trop instruit, monsieur, reprit le docteur, pour ignorer le grand plan que M. le duc de Choiseul avoit formé. Il s'agissoit de diviser le continent en plusieurs monarchies de force proportionnée & d'abolir à jamais toutes les prétentions respectives qui sont une source de querelles toujours renaissantes. Les institutions humaines ont toutes besoin d'être renouvellées au bout d'un certain tems. Les intérêts s'embrouillent, les titres se dispersent, les réclamations se multiplient à l'infini. Tout indique que l'époque d'un nouvel ordre de choses est arrivée ; les principes, la maniere de voir, de négocier, ont changé. C'est ce que le grand ministre dont je viens de parler a senti : on a réalisé quelques-unes de ses idées. Le siecle ne s'écoulera pas que l'on ne voie exécuter ce vaste projet qui assurera la paix générale en rétablissant l'équilibre entre les intérêts qui se croisent.... Me suivez-vous, madame la marquise, ceci est profond; je veux vous donner à penser; nous reviendrons sur cette matiere, lorsque vous l'aurez suffisamment méditée pour en saisir les développemens. Quelques faits récens & inconnus au vulgaire vous faciliteront cette étude.

La plupart des gazettes ont annoncé une alliance conclue ou prête à l'être entre l'empereur & le roi de Prusse. Il est vrai qu'elle a été tentée. Ce dernier souverain a même envoyé à Vienne, peu après son avénement, un homme de confiance chargé de sonder les dispositious de cette cour & de faire quelques insinuations, s'il trouvoit un jour favorable. Cette mission a donné lieu à une anecdote plaisante. L'officier auquel elle a été confiée, accoutumé à commander une brigage, s'étoit fait une habitude de parler d'un ton assez élevé pour être entendu au loin. Ses instructions portoient de demander d'abord une audience particuliere au prince de Kaunitz. Il l'obtint & s'y abandonna à toute la vigueur de son organe. Le chancelier d'état, après l'avoir écouté, lui répondit avec beaucoup de douceur: *J'ai toujours eu, Monsieur, beaucoup à me louer de la bonté de la cour de Berlin, & elle me donne aujourd'hui la preuve que je n'ai point démérité auprès d'elle, par l'attention qu'elle a d'envoyer à un vieillard dont l'ouie peut être affoiblie,*

affoiblie, quelqu'un d'auffi sûr que vous de fe faire entendre.

Il eft incertain, continua le médecin nouvellifte, fi les infinuations de la cour de Berlin étoient dictées par un plan réel d'alliance avec celle de Vienne. Quoiqu'il en foit, ce plan eft impraticable. Toutes les puiffances de l'Europe font défunies en ce moment par leurs intérêts & s'accordent fur un feul point, le defir de conferver la paix, qui ne peut tarder d'opérer une unanimité défirable pour les vues dont je viens de vous entretenir.

L'empereur eft de tous les fouverains de l'Europe celui qui pourroit gagner le plus à une guerre & qui eft le plus en état de l'entreprendre. Mais dans un tems où les conquêtes font encore plus difficiles à garder qu'à faire, la paix lui offre des avantages bien plus certains. L'indifférence qu'il témoigne pour le mariage de l'archiduc fon neveu & pour l'élection d'un roi des Romains, montre affez que fes vues fe portent fur l'effet des difpofitions générales qui font continuellement en négociation. On m'écrit de Vienne qui fe livre fans réferve à tous les objets d'adminiftration intérieure. Une foule d'anecdotes prouve qu'il n'eft point d'abus, point de détails qui lui échappent. Il s'étoit plaint à un de fes confeillers, de la difficulté qu'il éprouvoit de la part des évêques, au fuccès de fes vues paternelles, *Sire*, lui répondit M. Kreyfel, *tant que V. M. ne nommera aux évêchés que des ignorans forcés à l'état ecclésiastique, elle sera mal servie.* JOSEPH sentit que son fidele serviteur attaquoit l'exclusion que la noblesse vouloit donner aux autres états pour les hautes dignités de l'église. Il secoua la tête en disant : *Je trouverai du remede à ce mal*, & peu après il nomma M. *Lachenbauer* directeur du séminaire de Vienne à l'évêché de *Brünn*. Il y a eu des réclamations sans fin : mais *Joseph* ne craint point les obstacles, & ses volontés ont été exécutées.

Le général *Schroder*, président du département des vivres, avoit élevé M. *Ellting* qui en étoit l'official & qui se trouve dans le grand nombre des préposés de cette partie qui sont accusés de malversation. Ayant appris l'emprisonnement de son protégé, le général alla trouver le monarque, lui protesta de l'innocence de son éleve & offrit d'en répondre. L'empereur, après avoir entendu tous les points de la justification, tira une lettre de son secrétaire, la montra au général & lui demanda si elle étoit de l'écriture de son éleve ? -- Oui, Sire. --- Eh bien lisez.... Cette lettre renfermoit ces expressions mêmes : *Ne vous embarrassez pas de notre bon président : nous lui ferons encore prendre facilement cette fois des vessies pour des lanternes.* --- Eh bien, ajouta le monarque, répondez-vous encore de votre éleve ?.... Le digne général se retira confus. Un souverain dont l'œil, du haut de son trône, perce dans des détails qui échappent aux particuliers placés à portée de les connoître ; ce souverain, occupé sans cesse de créer le bien dans ses états, n'a-t-il pas plus d'avantages, plus de gloire à recueillir dans la paix que dans la guerre ?

Le roi de Prusse renfermé à *Sans-souci*, avec ses ministres, travaille à réparer les erreurs de son prédécesseur & à augmenter encore l'éclat dont le grand *Frédéric* a entouré la couronne de Prusse. On me mande que *Frédéric-Guillaume* est infatigable dans son cabinet & que ses secrétaires ne peuvent suivre leur maître dans la besogne qu'il expédie. Ce n'est pas ainsi que s'annonceroit un roi conquérant & sanguinaire. Il veut éviter la guerre, puisqu'il veut que son peuple soit heureux. *C'est*, ajoute l'ami qui m'écrit, *la pierre philosophale des rois ; mais il faut convenir qu'aucun d'eux ne s'en sera approché de plus près.* Il est naturel que ce monarque prenne un vif intérêt à la cause de son beau-frere ; mais, je vous le répete, elle ne causera point d'effusion de sang. C'est en vain que les conseillers bouillans du stadhouder cherchent à l'enflammer. On raconte à ce sujet qu'un député de la cour stadhoudérienne présenta au roi de Prusse une lettre dont la lecture affecta vivement S. M. On vit dans ses traits l'impression qu'elle ressentoit. La reine son épouse exprima alors le desir qu'une heureuse conciliation pût bientôt rétablir le calme dans la république. Le seigneur hollandois qui avoit apporté la lettre, répondit en montrant de la main l'épée du roi : *Voici, madame, la plume qui doit signer le traité.*

La Russie a bien moins d'intérêt encore à guerroyer qu'aucune autre puissance. Sa conduite dans les dernieres affaires de l'Allemagne montre qu'elle sent le prix d'une prudence honorable. On ne sauroit douter qu'elle a craint de se voir forcée à une guerre périlleuse avec les Ottomans, par les états intéressés à la contenir par cette diversion. La réserve qu'elle a observée lui donne des droits à une médiation bienfaisante, si un changement de souverain changeoit le rôle de la Porte Ottomane, & si le Turc se déterminoit à devenir l'agresseur.

L'Angleterre qui seule peut-être, est secrétement dévorée de la soif des combats, a trop de plaies à guérir pour s'exposer encore à en recevoir d'autres. On a craint que son refus de rendre aux Américains les forts qu'elle leur a cédés par le dernier traité, n'occasionnât des hostilités. Ne le croyez point. Ce peuple est encore dans l'enfance & il a été émancipé trop tôt. Ne s'entendant point avec lui-même, il est hors d'état de faire valoir ses droits sur les autres. Les *Etats-unis* se désunissent de plus en plus. Le *New-Hampshire* vient de prendre des résolutions entiérement subversives de la constitution générale de la république, & il paroît que le véritable moyen de la vaincre seroit de l'abandonner à elle-même. Mais la

Pologne & la Hollande atteſtent l'exiſtence d'un conſeil de tutelle pour les ſouverains qui ne ſavent point ſe ſuffire à eux-mêmes....

L'eſculape d'une nouvelle eſpece paroiſſoit diſpoſé à nous promener ſur toutes les parties du globe, à la lueur du triſte flambeau de ſa profonde politique. La marquiſe étoit dans l'admiration ; moi, je trouvois la ſéance rude ; je prétextai des affaires & je me retirai en me promettant bien d'en éviter de pareilles à l'avenir.

LE SOUPER

DE LA MARQUISE D***.

Il eut été plaisant de feindre une maladie dans le dessein d'éviter la présence du médecin. J'ai balancé à le faire en recevant une invitation de la marquise D*** pour un souper en comité. Je ne pouvois douter que le perfide docteur ne fût de la partie ; je me crus assez bien muni d'anecdotes pour l'empêcher de tenir à lui seul le dez de la conversation. Je m'armai de courage.

Lorsque j'arrivai, mon docteur péroroit déja, comme je l'avois prévu ; mais la marquise étoit occupée au jeu, &, ayant trouvé des auditeurs moins engoués de la politique, il avoit pris un texte bien différent. Il étonnoit par la profondeur de ses connoissances deux jeunes dames qu'il entretenoit des nouvelles modes. Quittez, leur disoit-il, cet usage suranné de grands chapeaux qui nous dérobent tant d'attraits. Ne savez-vous pas qu'on n'en porte plus depuis la semaine derniere ? On ne voit plus que des bonnets *à la turque* ou *à la randan*. Ces coëffures tiendront, mesdames ; j'en répons au moins pour un mois. On n'en peut imaginer qui dégagent mieux la figure, qui lui donnent plus d'ame & de liberté. Leur large bandeau de crêpe de couleur ſur le devant fait ſinguliérement valoir la fineſſe des traits & au moyen d'une forme très-élevée qui ſupporte une maſſe bourſoufflée de bouillons de gaze, elles donnent l'air de majeſté le plus impoſant.

En vérité, docteur, s'écria la marquiſe, vous êtes un homme univerſel; je vous enverrai demain mademoiſelle *Rouſſaud* (1) pour prendre des leçons. ---- Eh, meſdames, ſachez-moi gré de mes efforts: le deſir de plaire n'eſt-il pas la ſource de tout le bien qui ſe fait dans le monde? --- Oui, interrompit le préſident, & l'art de plaire eſt le comble de la perfection, n'eſt-ce pas ce que vous penſez, docteur?

La ſociété étoit peu nombreuſe, l'ingénieuſe gaieté qui s'établit après le jeu, ne me raſſura pas moins que la variété des talens du docteur, contre la crainte de l'ennui. Le préſident & la préſidente, la comteſſe d'*A*....., charmante veuve de vingt-ans, le docteur & quatre perſonnages à demi-graves ſe mirent à table avec les maîtres de la maiſon. L'abbé C.... & quelques jeunes gens déclarerent que leur eſtomac étoit trop délicat pour riſquer un ſouper: moyen admirable de ſe rendre intéreſſant & d'être voluptueuſement ſervi de la main des graces.

---

(1) *Fameuſe marchande de modes.*

Savez-vous, docteur, demanda l'abbé, où en est l'affaire du nouveau rituel?

Le docteur. Notre archevêque n'est ni plus philosophe ni plus complaisant que son prédécesseur auquel on n'avoit pas voulu permettre de faire un rituel, & il paroît disposé à tenir bon.

Le président. Le chapitre de la métropole qui n'a pas été consulté, a défendu l'usage de ce rituel digne des anciens tems d'ignorance & de barbarie, & il ne cédera pas.

L'abbé C. On n'aura donc plus de rituel. L'archevêque a fait retirer & détruire tous les exemplaires de celui qu'il veut abroger.

Le chevalier. Comment feront donc les nouveaux mariés auxquels on aura *noué l'aiguilette*? On dit que monsieur de Juigné a si obligeamment pensé à eux.

Le président. Ne plaisantez pas. L'affaire pourra devenir sérieuse, & la querelle est déja engagée fort avant entre l'archevêque & le chapitre.

Le chevalier. Monsieur *de Boufflers* sera le *Boileau* qui chantera cette importante dispute.

Le docteur. JOSEPH n'a pas à craindre ces scandaleuses scenes dans ses états. On prétend qu'il permet, dans son nouveau code, la cassation des mariages mal assortis & que les parties pourront se remarier.

L'abbé C. Cela est impossible. La vertu des sacremens est au dessus de toute atteinte de la part de l'autorité temporelle.

Le président. L'abbé, ce n'est point attaquer la vertu du sacrement que de permettre à celui qui en est revêtu, de chercher les moyens de l'exercer d'une maniere conforme aux vues de celui qui l'a institué. On ne voit nulle part dans l'évangile qu'on doive payer par le malheur de toute sa vie la maladresse d'un mauvais choix.

Le comte R. Le pape défendra ses droits &....

Le docteur. Le tems des excommunications est passé, & *Pie VI* a trop d'esprit pour risquer de perdre en prenant un parti violent, la moitié de ce qui lui reste d'influence en Europe.

L'abbé C. Attendons ce fameux code. Nous nous disputons peut-être pour une chimere.

Le docteur. Quoiqu'il en soit, soyez certain que l'empereur ne sera arrêté par aucun obstacle dans l'exécution de ce qu'il aura cru bon & utile. Les foudres du vatican sont maintenant réduites à la même valeur que le tonnerre de l'opéra.

L'abbé C. A propos d'opéra, messieurs de la cour qui aviez tant vanté les *Horaces* de *Saheri*, que dites-vous de l'accueil que leur a fait le public parisien ?

La comtesse. Comment ! cet opéra est tombé ?

Le chevalier A plat. Si vous avez entendu ce que l'on appelle un choeur de novices capucins, vous pouvez vous faire une juste idée de la musique des *Horaces*.

Le comte. Malgré le respect dû aux jugemens des connoisseurs de la capitale, j'admirerai toujours le beau chœur de cet opéra qui m'a fait dire que c'étoit un *cœur sans ame*.

Le marquis. Ce *motto* ne trouveroit il pas son application dans le mariage que l'on vient de m'annoncer ? C'est celui de monsieur *de S.* avec mademoiselle *D.* madame *de B.* avoit donné la commission à l'abbesse de P., de trouver une femme à son protégé, vieux garçon, riche & généreux. L'abbesse en conséquence rassembla un beau matin toutes les pensionnaires & leur dit : *mesdemoiselles, je suis chargée de vous prévenir qu'un homme d'un certain âge, possesseur d'une belle charge & de 40000 liv. de rentes, voudroit se marier. Si l'affaire tente quelqu'une de vous, elle peut me faire connoître ses dispositions.* Toutes les demoiselles qui comptoient sur leur fortune, leur naissance, & sur leurs attraits pour trouver un époux, se récrierent tellement à cette proposition, que personne ne l'accepta. Quand elles se retirerent, la derniere, montroit tant de répugnance à suivre ses compagnes que l'abbesse la retint & la questionna en particulier. La jeune personne essaya d'avouer que, sans bien & orpheline, elle se trouveroit trop heureuse.... L'abbesse ayant pitié de son embarras la congédia. Une heure après on demanda la demoiselle au parloir ; elle y vit le prétendu ; on s'expliqua, on se convint & le mariage s'est fait.

Le Docteur. A en juger par l'expérience,

cette façon de se marier en vaut bien une autre. Si l'on venoit à autoriser le divorce parmi nous, il est très difficile de décider lesquels profiteroient le plus de cette loi, des époux par hasard & par convenance ou de ceux qui le sont devenus par inclination & par belle passion.

La marquise. Docteur, avez-vous trouvé cette observation dans votre traité de l'art de plaire ? Dites-nous des nouvelles de la Hollande.

Le docteur. Eh bien, madame, tout est arrangé, comme je vous l'ai prédit. Le stadhouder sera toujours capitaine-général, & les états-généraux seront ses maîtres.

Le chevalier. Les deux parties ont sagement fait de céder. Elles ne vouloient ni arbitres ni juges, mais il n'y avoit pas d'autre alternative, & les juges se seroient fait payer de cheres épices. Un amour énergique de la patrie peut seul conserver les républiques, & quand le luxe lui a substitué l'amour du bien-être personnel, une société où la force ne réside que dans la réunion des individus, feroit de vains efforts pour résister aux corps extérieurs qui la pressent. J'aime infiniment l'allégorie de ce bon Batave qui voulant passer dans une retraite paisible à la campagne, le peu d'années qui lui restent à vivre, invita dernièrement tous ses amis à un grand repas, pour leur faire ses adieux. Les convives se rassemblent dans une grande salle où ils voient avec surprise le festin qui leur étoit préparé. Sur une

table de chêne couverte d'une nappe de groſſe toile bleue, ſe trouvoient ſur des plats de bois, des harangs ſalés, du beurre & du fromage. On feignit de s'en contenter. Au ſecond ſervice, deux ſervantes robuſtes vinrent mettre une nappe blanche & apporterent des aſſiettes & des plats d'étain avec du bœuf ſalé, du poiſſon frais & de bon pain bis. On mangea avec un peu plus d'appétit. Bientôt arriva un troiſieme ſervice porté par des laquais en ſuperbe livrée que précédoit un élégant maître-d'hôtel. Une table magnifique de bois d'acajou couverte du plus beau linge damaſſé remplaça le groſſier attirail dont on avoit été choqué. On ouvrit un buffet garni de la plus riche vaiſſelle & des porcelaines les plus rares, ſur leſquelles on ſervit les mets les plus recherchés. Des vins précieux furent diſtribués avec profuſion, pendant qu'une muſique mélodieuſe ajoutoit encore à la volupté de cette fête. Alors le vieillard ſe leva & tint ce diſcours à ſa compagnie étonnée. » MM. ce repas que vous aurez trouvé bizarre eſt l'emblême
» de notre hiſtoire. Nos ancêtres ont porté la
» ſplendeur de la république au degré qu'elle
» a atteint, par cette vie frugale dont le pre-
» mier ſervice vous a retracé l'image. Nos
» peres ont maintenu leur ouvrage en ſe con-
» tentant de la vie ſimple que vous avez vue
» au ſecond ſervice. Je crains bien que la
» profuſion extravagante du dernier ſervice
» qui vous montre le relâchement de nos

» mœurs & la molleſſe qui a énervé les Bataves, ne ſe termine par toutes les ſuites fâcheuſes de l'abandon au luxe, à la volupté & aux plaiſirs bruyans. » En diſant ces mots le cynique vieillard fit ouvrir une ſalle magnifiquement préparée pour le bal & ſe retira.

Le marquis. L'idée du bon batave eſt excellente. Je crois l'hiſtoire vraie, car elle eſt parfaitement dans le génie de la nation. Je n'oublierai jamais les drames que j'ai vu repréſenter en Hollande. On y fait paſſer ſous les yeux des ſpectateurs, en dialogues entremêlés de tableaux emblématiques formés par les acteurs mêmes, une période hiſtorique toute entiere.

La marquiſe. Cela doit être très-gai. Et ces ſpectacles, dit-on, durent depuis trois heures juſqu'à onze du ſoir ! Enfin la prédiction du vieux hollandois brouillé avec les plaiſirs de la vie ne ſe réaliſera pas. Je ſuis fort aiſe de voir le calme rétabli chez ſes compatriotes. J'aime la paix, quoique la guerre offre infiniment plus de nouvelles piquantes. La Ruſſie eſt ſans doute raccommodée avec le Turc, puiſque le voyage de l'impératrice à Cherſon eſt, à ce que l'on aſſure, abſolument décidé.

Le docteur. Il n'eſt plus permis de le révoquer en doute, & l'on hâte la conſtruction des maiſons que l'impératrice fait bâtir & meubler élégamment pour la recevoir à chaque ſtation qu'elle fera ſur la route.

La marquise. Ce voyage, docteur, annonce, malgré vous, que *Catherine II* a bien le ferme dessein de conserver sa nouvelle possession.....

L'abbé C. Et de ne pas s'en tenir à la Crimée. Les souverains de nos jours savent *céder au tems* & lorsqu'ils paroissent abandonner quelque projet chéri, ils ne font que méditer de nouveaux moyens de le faire réussir. Pour ne pas douter des vues constantes du cabinet de Pétersbourg, il suffit de savoir que le second fils du grand duc est élevé à la grecque, & que ses instituteurs sont des grecs de Constantinople.

La marquise. Ah, docteur, régalez-nous donc de l'histoire de cette Princesse russe dont vous me parlâtes l'autre jour.

Le docteur. Je l'ai connue à *Livourne* en 1775. Cette princesse étoit fille de feue l'impératrice *Elisabeth Petrowna* qui se l'étoit laissé faire, ainsi que *Pugatschew* & deux autres enfans encore, par un paysan son jardinier, fait à cette occasion prince sous le nom de G.... Cette princesse avoit été obligée de sortir de Russie, lorsque *Pugatschew* avoit pris le parti de lever l'étendart de la révolte. Elle se retira alors en Pologne, où, comme de raison, elle fut accueillie par les membres de la confédération de Bar, qui s'y trouvoient. Elle alla ensuite à Venise, pour y joindre le prince R..... La princesse fut reçue & traitée à Venise, avec des égards & des respects outrés, au point que la princesse *Théophile* R...

lui baisoit les mains. Elle devoit aller à Constantinople avec cette famille, mais ce projet & ses suites furent renversés par la paix avec le Turc & par la prise de *Pugatschew*. La princesse Russe, conduite par un mauvais destin, quitta Venise pour venir à Rome, où les amis de la Russie ignorant ce qu'elle étoit vraiment ; & encore plus qu'elle étoit la sœur de *Pugatschew*, l'ont extrêmement fêtée. Ce dernier étant pris, a découvert sa naissance & ses relations en Pologne. Il devint important de séquestrer la princesse Russe, & on ne pouvoit placer cette commission en des mains plus habiles & plus adroites que celles du comte *Orlow*. Il n'y avoit pas deux mois que cette princesse m'avoit dit beaucoup de bien du comte Orlow, en me racontant qu'elle l'avoit même souvent aidé de sa bourse, avant qu'il fût en faveur. Cette princesse étoit assez jolie, pleine d'esprit & d'érudition, parlant également bien le Russe, le Polonois, le Français & l'Anglais, toujours fort opulente, quoiqu'avec un petit train & une seule demoiselle française, à laquelle, sans ma visite, la princesse auroit un jour cassé la tête d'un coup de pistolet à la suite d'une querelle. Elle portoit toujours deux pistolets & un poignard, & avoit un courage prodigieux pour une femme : elle a reçue une fois, en ma présence, d'un banquier 20,000 ducats en or, & elle avoit des lettres de change encore en poche, lorsque le comte Orlow réussit à s'en rendre maître & à l'emmener.

La Comtesse. Vous auriez dû supprimer la derniere aventure, docteur. Ce pistolet a gâté tout l'intérêt que m'inspiroit cette malheureuse princesse....

Chacun dit son sentiment à ce sujet; la conversation se monta; au dessert la gaieté prit entiérement le dessus; ces jolis riens, ces anecdotes qui paroissent charmantes quand on les raconte & qui ont perdu tout leur mérite quand on se les rappelle, nous firent passer une soirée délicieuse. L'usage du monde met à l'unisson les nuances opposées des individus que se rassemblent dans nos sociétés, & fait disparoître les défauts qui rendent quelques hommes insupportables quand ils sont isolés.

LE COMITÉ.

La marquiſe m'avoit fait prévenir qu'elle m'attendoit pour paſſer la ſoirée chez elle en *Comité.* Je la trouvai entourée de ſes couſſins & paroiſſant ſuccomber aux peines de ſon nouvel état. Le docteur étoit hors de la ville. Elle écoutoit pour ſe conſoler & pour ſe diſtraire les *fagots politiques* de la préſidente d'***, les plaiſanteries naïves de la d'A**, les ſarcaſmes & les anecdotes ſcandaleuſes de l'abbé C. -- chevalier, me dit celui-ci dès que je parus ; il eſt pour guérir notre belle malade un taliſman ſûr. Apportez-lui les papiers du bon *Favier* ; ils ſeront plus efficaces que toutes les recettes du *Codex.*

La préſidente. Je gagerois que l'on trouveroit dans ces papiers là toute l'hiſtoire du tems préſent. Ce *Favier* avoit en politique un tact, une ſagacité....

L'abbé C. Favier connoiſſoit également les intérêts des puiſſances, leurs forces intrinſeques, leurs vues & leurs projets, les meilleures tables & les plus fins cuiſiniers de l'Europe.

La marquiſe. L'excellent meuble qu'un tel homme dans une ſociété ! L'abbé, celui-là ne s'amuſoit pas à faire des épigrammes.

L'abbé. Lui ? c'étoit l'homme le plus cauſtique de ſon tems, mais il a payé ce plaiſir bien cher.

La marquiſe. Achevez-moi donc ſon hiſtoire. Vous m'avez déja dit, & je ſavois depuis cent ans, qu'il a été renfermé à la baſtille avec M. *Dumourier*, pour avoir correſpondu avec *Louis XV* ſans la permiſſion de ſes miniſtres. Vous en étiez à ſes papiers.

L'abbé. Il ſollicitoit ſous le nouveau regne une penſion réverſible à une niece avec laquelle il demeuroit. Etant au lit de la mort, il recueillit le peu de forces qui lui reſtoit pour rédiger un nouveau mémoire à ce ſujet. Un matin le vicomte D*** entre chez lui : *Bonjour, mon cher Favier, je vous apporte de bonnes nouvelles, j'ai enfin la parole du miniſtre pour votre penſion.... A propos, je vous crois un peu brouillé avec les eſpeces ; votre ſituation augmente vos beſoins ; ſouvenez-vous que vous pouvez reclamer de moi tous les ſervices de l'amitié....* Favier paroît pénétré de reconnoiſſance ; le vicomte pourſuit : --- Mon cher Favier, vous avez des papiers, ils ſont intéreſſans. --- Je vous entens, répond le malade ; qu'on remette à M. le vicomte tout ce qui ſe trouve dans ce ſecrétaire. On cherche la clef, elle ne ſe trouve point. Tandis qu'on parle de faire venir un ſerrurier, le vicomte eſſaye quelques clefs qu'il avoit ſur lui, parvient à ouvrir le ſecrétaire, prend les papiers, les porte dans ſa voiture & diſparoît. Le lendemain Favier profitant des offres du vicomte, lui fait demander 50 louis. L'homme de cour en avoit la veille mille à son service : il vient de vuider ses coffres & n'a pas dans le moment un écu pour le bon Favier. Quelques jours s'écoulent, le vicomte revient près du moribond, fort abattu, avec l'air consterné. --- Mon cher Favier, votre pension n'est point accordée.... Le ministre m'avoit promis.... Je vous entens, répond le malade en se retournant & lui laissant balbutier sa justification. Qu'étoit-il arrivé ? La niece voyant Favier condamné par la faculté & connoissant l'importance des papiers de son oncle, avoit chargé une espece de copiste qui le servoit, de porter la clef du secrétaire au ministre. Le copiste l'avoit présentée en son propre nom & avoit reçu la promesse d'une récompense. Voyant le secrétaire ouvert & vuide, il avoit couru tout effaré en rendre compte au ministre à qui, dès ce moment, Favier avoit paru digne de sa colere. Enfin tout se découvre, on fait venir le vicomte, on le réprimande. Son intention, dit-il, a toujours été de faire au ministre l'hommage de son précieux dépôt. Mais on prétend que huit jours & autant de nuits ont été employés à tout copier, & qu'ainsi le vicomte a eu le secret de donner sans se démunir. Ces papiers contenoient plus de deux cens lettres de *Louis XV* & des observations importantes sur toutes les cours & tous les pays que Favier avoit visités.

La présidente. Oui, certes, il y auroit de quoi guérir bien des maux avec les recettes que doivent renfermer ces papiers. Combien de fois mon Favier ne m'a-t-il pas entretenu de la Hollande ? Il m'a prédit tout ce qui arrive.

La comtesse. Vous a-t-il dit qu'il y a un nouveau stadhouder ?

La présidente. Bon dieu, ma chere comtesse, pouvez-vous répéter ces inepties ? Le Rhingrave de Salm, n'est-ce pas ? Bavardages de cafés. Le prince d'Orange, croyez m'en, est toujours & mourra stadhouder. Ce n'est pas en Hollande qu'il faut chercher le fil de l'affaire : considérez d'abord le roi de Prusse; il laissera tout faire pour maintenir la paix ; il lui suffit que son beau-frere conserve sa place : l'empereur & l'Angleterre doivent voir l'escaut libre ; ensuite la France peut ranger tout à son gré. Au moment que je vous parle, le chevalier *Harris* & le comte de *Gortz* sont allés préparer le patient à écouter la lecture de la sentence que M. de *Rayneval* apporte après eux.

La marquise. Ainsi cette alliance dont on a fait tant de bruit entre l'empereur & le roi de Prusse, n'est donc qu'un rêve....

L'abbé C. Et un rêve absurde. Rappellez-vous la prophétie de FRÉDÉRIC *le Grand.* ---- *L'empereur cajolera mon successeur & se mettra en dépense de lui plaire, mais il ne se passera pas deux ans sans qu'ils se battent.*

La présidente. Il eſt déſolant de ne ſavoir à quoi s'en tenir ſur les véritables rapports des puiſſances entr'elles. On nous parloit, il y a quelque tems, d'un refroidiſſement entre l'empereur & l'impératrice de Ruſſie. Hier un homme fort inſtruit m'a aſſuré que l'on faiſoit à Vienne les préparatifs du voyage de JOSEPH pour *Cherſon.*

L'abbé. L'empereur a même choiſi un aumônier qui parle les langues orientales. Ne croyez cependant pas que ces préparatifs ſoient ſérieux. La France ſe prêtera aux projets de la cour de Vienne ſur l'Allemagne & il ne ſera plus queſtion de ceux qui nous allarment d'un autre côté.

La préſidente. Et la confédération germanique ?

L'abbé. Elle protocoliſera : c'eſt un mal inévitable.

La marquiſe. Et la prédiction du feu roi de Pruſſe ?

L'abbé. Meſdames, le plus habile pacificateur ne peut répondre de l'éternelle durée de ſon ouvrage ; mais ſi les liens de l'Autriche & de la France ſe reſſerrent de plus en plus, comme il eſt probable ; ſi de cette union naît une troiſieme puiſſance qui peſera dans la balance politique du continent, cette ligue formidable ſera difficile à attaquer.

La marquiſe. Y auroit-il de la brouillerie entre notre cour & celle de Berlin ?

La préſidente. A propos, l'on m'a dit qu'à

la premiere audience donnée aux miniſtres étrangers par le nouveau roi, celui de France a été le ſeul qui n'ait pas été averti.

L'abbé. C'eſt un abſurde menſonge. Voici ce qui peut y avoir donné lieu. Tandis que le roi étoit allé recevoir les foi & hommage du duché de Sileſie, il y eut cercle chez la reine qui voulut en bannir toute étiquette. En conſéquence elle admit à ſon jeu le miniſtre de l'empereur & celui de Ruſſie. On vint offrir une carte à M. le comte d'Eſterno pour faire la partie de la princeſſe *Frédérique-Charlotte*; il répondit qu'il ne jouoit pas; on le preſſa. --- Je ne ſais pas le jeu qu'on me propoſe.... Interrogé ſur la véritable cauſe de ſon refus, ſa réponſe fut que ſa majeſté ne devoit pas ignorer que, dans aucun cas, le miniſtre de *France* ne pouvoit céder le pas à celui de *Ruſſie*. La reine informée dès le ſoir même du nuage qui s'étoit élevé, en fit faire le lendemain des excuſes au miniſtre de *France*, qui, le dimanche ſuivant, eut l'honneur de de faire la partie de ſa majeſté.

La comteſſe. Comme on ſe plaît à donner une tournure fâcheuſe aux événemens les plus inſignifians! dans tout cela, je ne vois que la princeſſe *Frédérique* qui ait à ſe plaindre.

La marquiſe. On n'eſt occupé de toutes parts qu'à étouffer les ſemences de diſcorde & de diviſion qui ſe montrent prêtes à ſe développer. *Louvain* eſt, dit-on, rempli de troupes & d'artillerie.....

L'abbé. Ah bon ! c'eſt une guerre d'étudians. Meſſieurs les ſéminariſtes n'ont pas trouvé à leur gré la doctrine de nouveaux profeſſeurs ; ils vouloient qu'on ne leur enſeignât que ce qu'ils prétendoient ſavoir mieux que leurs maîtres. Il a bien fallu en impoſer à la multitude par l'appareil de l'autorité, mais tout eſt rentré dans l'ordre & quelques corrections paternelles termineront l'affaire.

La préſidente. Les univerſités font aux progrès des ſciences & des lumieres le même tort que les jurandes à ceux de l'induſtrie. Lorſque M. *Turgot* abolit les communautés de métiers, cette partie fixa pour la premiere fois les regards de la curioſité ; on vit avec un étonnement ſans égal, que les récipiendaires des corps devoient, pour y être admis, faire preuve de n'en pas ſavoir plus qu'on n'en ſavoit au tems de leur fondation.

La comteſſe. Je me ſuis bien amuſée à examiner les modeles des chefs-d'œuvres que l'on exigeoit d'eux. C'étoit une plaiſante collection d'antiques. J'y ai vu des vêtemens & des meubles du tems de *Saint Louis* ; & les nouveaux maîtres n'avoient rien de mieux à faire que d'oublier ce qu'il leur avoit fallu ſavoir pour acquérir le droit de travailler.

L'abbé. Tous ces obſtacles diſparoiſſent devant le grand JOSEPH. En changeant les principes d'inſtruction, il coupe la racine d'une infinité de maux ; en attirant les fabricans de tous les pays, en facilitant leurs établiſſemens au moyen d'une caiſſe qui n'a pas d'autre objet, d'une main il arroſe le bon grain, & de l'autre il coupe les ronces qui en arrêtoient la croiſſance.

La préſidente. Tout doit avoir une marche uniforme dans cet univers. Les révolutions entrent dans l'ordre général & les états doivent changer de peau, comme les êtres vivans, pour atteindre la perfection.

L'abbé. JOSEPH eſt le reſtaurateur de ſon pays; il ſera celui de l'humanité par l'exemple & la ſecouſſe générale qu'il donne. Il arrache un tribut d'admiration aux gens même de ma robe.

La comteſſe. Votre robe, l'abbé, n'eſt qu'un *domino*, & quand on parle raiſon, elle ne vous diſpenſe pas d'en avoir.

La marquiſe. Notre politique ennuie la comteſſe. L'abbé, dites-nous donc l'hiſtoire de cette pauvre Mad**. Eſt-il vrai que ſon mari l'a fait renfermer.

L'abbé. Voici le fait. Cette jeune femme s'étoit toujours bien conduite. Sans être jolie, elle inſpira un *goût* aſſez vif au vicomte de D** qui ſe mit en tête de la ſéduire. Il gagna la femme-de-chambre & finalement il eut la maîtreſſe. Comme le vicomte n'eſt rien moins que riche, il trouva tout ſimple d'emprunter quelques rouleaux à ſa victime. Elle les lui prêta, & le vicomte s'exhaloit en reconnoiſſance dans différens poulets qui viennent dépoſer pour ſa délicateſſe. Il ſe brouilla enfin avec sa bailleuse de fonds ; un jeune gentilhomme picard qui entroit dans le monde, lui succéda. Cette seconde raison a ajouté au scandale, & aux plaintes du mari ; mais la famille suivant les grands principes, a prétendu qu'il n'étoit que jaloux & que sa femme étoit très-sage. L'époux a voulu faire éclater la vérité, & il faut convenir qu'il s'est soumis à une cruelle épreuve. Il s'est fourré sous le lit de la dame, & a si bien choisi son tems qu'il a surpris les deux amans. Cette preuve a nécessairement conduit à une séparation, & la dame est entrée dans un couvent. Notez pourtant qu'elle a 12,000 liv. de pension & qu'elle conserve la même femme de chambre qui l'a corrompue. Le plaisant est que l'aimable vicomte fait le diable dans le monde pour se faire attribuer l'aventure qui perd son ancienne maîtresse.

La comtesse. Voilà de ces traits qui peignent mieux les hommes du jour que le crayon de *la Bruyere.*

La présidente. Puisque vous savez tout, l'abbé, expliquez-nous cette affaire de lettres de change qui occupe tant M. le président.

L'abbé. Il est incroyable que les jurisconsultes soient toujours si embarassés dans les cas où il est question de lettres & de billets de change. Je ne sais si c'est leur faute ou celle de la jurisprudence, mais comment concevoir que la loi ne soit pas nette & précise sur une matiere de cette importance ?

La marquise. Vous dissertez sans doute à merveille, l'abbé, mais nous ne comprenons pas un mot à ce dont il s'agit.

L'abbé. Simon Beloq & comp. de Paris avoient successivement déposé chez les banquiers *Tourton & Ravel* pour la valeur de 1,500,000 liv. d'effets publics, & avoient fait tirer sur eux des lettres de change à concurrence du dépôt, par des personnages supposés ou peu connus: *David Lyon & compagnie* à Lyon; *Jean Bechade & comp.* à Rouen; *Jean Dubor* à Bordeaux. Ces lettres de change étoient de 400 jusqu'à 1900 liv. Les lettres acceptées, ils ont ajouté un *zero* à la somme en chiffres & substitué dans l'écriture le mot *mille* au mot *cent*. Les banquiers ne veulent payer que l'engagement qu'ils ont contracté: les porteurs des lettres exigent la somme qu'exprime l'effet qu'ils ont acheté de bonne foi. Les tireurs & les premiers endosseurs sont en fuite ou dans les fers & insolvables. La question est de savoir qui doit supporter la perte, ou le porteur de la lettre de change ou l'accepteur.

La présidente. Il me paroît clair qu'elle doit tomber sur celui qui a eu la bêtise de se laisser voler. Lorsque j'achete une robe, c'est à moi de connoître la véritable valeur de l'étoffe dont je m'accommode. Si le marchand me trompe, je ne puis m'en prendre qu'à lui ou à moi. Je suppose que la signature de l'acceptation eût été contrefaite. Y auroit-il la moindre incertitude ? Le cas eſt à peu près le même.

L'abbé. Auſſi ne doute-t-on pas que MM. *Tourton & Ravel* montrant les lettres d'avis & leurs regiſtres en regle, ne triomphent pleinement. Voilà un des maux que devoit entraîner cette étrange circulation de ſignatures introduite par l'agiotage.

La comteſſe. Je penſe bien qu'à l'avenir les acheteurs de lettres de change auront ſoin de conſulter les accepteurs avant de ſe déſaiſir de leurs fonds.

La marquiſe. Et les accepteurs ne manqueront pas, en donnant leur ſignature, de ſtipuler la valeur de l'engagement qu'ils contractent. Les leçons de l'expérience ſont les ſeules qui ne ſoient pas perdues. J'ai toujours été étonnée de la légéreté avec laquelle on ſe conduit dans des opérations de cette conſéquence.

La préſid. J'ai entendu dire que le miniſtre des finances ſaiſiroit cette occaſion d'exécuter ſon projet d'un droit de timbre & d'y joindre un contrôle pour les effets commerçables. Leur valeur ſeroit reconnue & fixée par un enregiſtrement avant qu'ils puſſent entrer dans la circulation.

Adele. Madame, voilà monſieur le marquis qui vous amene notre aimable docteur.

La marquiſe. L'impertinente !.....

Le docteur. J'ai rencontré monſieur le marquis à Verſailles ; il m'a dit que vous étiez à la mort : je ſuis accouru ; en vérité, madame la marquiſe, je ſuis agréablement trompé.

L'abbé C. Ce que c'eſt que la préſence du médecin ! Madame la marquiſe n'a plus beſoin de vous que pour des nouvelles, monſieur le docteur ; vous devez en avoir fait une ample récolte.

Le docteur. J'en rapporte du moins une bien importante. L'échange de la Baviere contre les Pays-Bas eſt décidé ; les arrangemens néceſſaires à ſon exécution ſont le motif du voyage de monſieur le comte de Belgiojoſo à Vienne ; la France donne ſon conſentement à cette grande & belle opération ; l'empereur renonce aux projets qui donnoient lieu au voyage de Cherſon. Ces deux puiſſances ſe concertent pour accommoder les différends des Hollandois, enfin l'Europe va prendre une face nouvelle.

Le marquis. Oui, certes, ſi cet échange ſe fait comme on commence à le croire, il en réſultera un grand changement dans le ſyſtême politique. JOSEPH avec du génie & de la perſévérance, fait plus que les conquérans qui ont ſacrifié à une ambition ſouvent trompée, des tréſors & des millions d'hommes.

L'abbé C. Eh bien, madame la marquiſe, comment vous trouvez-vous ? avec de ſi vaſtes ſujets de ſpéculation, on n'a pas le tems d'être malade.

La comteſſe. Savez-vous, l'abbé, que vous vous ferez de méchantes affaires ?

L'abbé. Attention, meſdames, monſieur le docteur a encore bien des choſes à nous apprendre.

Le docteur. Vous tenez maintenant le mot de certaines énigmes...... Voilà aussi pourquoi l'archevêque de Salsbourg n'a rien obtenu de l'empereur ; mais patience... Je serois curieux de voir l'air avec lequel le nonce de Munich apprendra qu'il aura désormais affaire à JOSEPH *le sage.*

Le marquis. En attendant amusez-vous, docteur, de la petite leçon que vient de recevoir celui de *Cologne.* Il a adressé à tous les curés de son district une lettre circulaire dans laquelle il leur enjoint de lui renvoyer les parties qui ont besoin de dispenses & qui se trouvent dans les autres cas pour lesquels on s'adressoit ci-devant à la nonciature, déclarant non valides les dispenses du mariage à certains degrés accordées par les archevêques & évêques de l'église germanique, & illégitimes les enfans provenant de ces mariages.

L'abbé C. J'avois toujours pensé que le peu de succès de l'archevêque de Salsbourg rendroit de la vigueur à la cour de Rome.

Le marquis. Profondément pensé, monsieur l'abbé, & il étoit admirablement bien vu de saisir cette occasion pour prendre sur le tems les ennemis des usurpations papales. Laissez-moi achever. L'électeur de Cologne a fait sur le champ publier par son vicaire général l'ordonnance dont j'ai la traduction en poche.

En vertu d'un ordre particulier de S. A. S. E. de Cologne, *daté de* Munster *le 17 décembre 1786, il est ordonné à tous les curés qui ont reçu un écrit imprimé d'un évêque étranger qui prend le titre de* nonce du S. ſiege à Cologne, *mais qui n'eſt pas reconnu comme tel par* S. A. S. E. *de renvoyer ſans autre formalité cet écrit audit évêque, ſous le même couvert & par la premiere poſte ; de ſe faire donner un certificat de ce renvoi au bureau de poſte où il ſe ſera effectué & de faire parvenir ſans délai ce certificat au vicariat de cette ville. Il eſt en outre défendu aux ſuſdits curés, ſous les peines les plus rigoureuſes, de recevoir de la cour de Rome aucun écrit, bref, bulle, diſpenſes, &c. avant de nous les avoir préſentés & d'avoir obtenu de nous la permiſſion de les publier.*

L'abbé. Affaire de forme : la choſe eſt claire. Le nonce n'ayant pas encore été préſenté à l'électeur :

Le marquis. Ce n'eſt pas faute de bonne volonté de ſa part, s'il n'a pas été reçu & reconnu en qualité de nonce apoſtolique à la cour de Bonn ; &, l'abbé, que dites-vous de l'itérative défenſe ? Croyez-moi, le tems préſent n'eſt pas celui où la cour de Rome auroit beau jeu pour des actes de vigueur.

La préſidente. Je conçois que l'opinion du peuple & l'intérêt que les ſouverains auront de la ménager, deviennent la ſauve-garde de ce qui lui reſte d'influence en Allemagne.

Le docteur. Ajoutez les ſpéculations des gouvernemens proteſtans qui eſpéreront tirer parti du fanatiſme romain pour augmenter leur population, comme ils l'ont fait dans des circonſtances abſolument oppoſées.

La marquiſe. En effet le roi de Pruſſe a fait déclarer au nonce du St ſiege à Cologne, que ſon autorité ne ſouffriroit pas d'atteinte dans ſes états, & l'impératrice de Ruſſie ſemble être aux petits ſoins avec le St pere.

L'abbé C. Il ſeroit plaiſant que ces pays fuſſent les reſtaurateurs du crédit de l'égliſe romaine. La réunion de toutes les communions, le rapprochement des diverſes croyances qui diviſent le chriſtianiſme, deviennent d'un intérêt preſſant pour nous. Auſſi d'habiles gens s'en occupent.

La préſid. Eſt-ce le fond de votre ſac, docteur? Et les affaires de la Hollande?

Le docteur. Arrangées ou autant vaut.

La préſid. Toujours par l'intervention de la France?

Le docteur. Ne croyez pourtant pas que monſieur de Rayneval y ait contribué. Il n'eſt allé en Hollande que pour s'amuſer du ſpectacle de ce que le *courier du Bas-Rhin* appelle une *farce politique*, & il n'étoit chargé de rien. La *gazette d'Amſterdam* l'a dit, & *par autorité*.

Le marquis. En ce cas la choſe eſt évidente, comme un article de foi.

La comteſſe. Mais, meſſieurs, il me ſemble que vous oublié de conſulter le roi de Pruſſe dans tous vos arrangemens.

Le docteur. Ce ſouverain ne montre d'autre

ambition que le noble de desir de conserver ses possessions, de les faire fleurir & de rendre ses sujets heureux.

Le marquis. On m'a encore raconté une anecdote qui lui fait beaucoup d'honneur. Vous savez que le grand FRÉDÉRIC revenoit difficilement de ses préventions. Le comte d'*An*..... pendant la guerre de 1778, s'étoit rendu coupable d'un retard dans l'exécution des ordres du roi. Sa majesté n'avoit point voulu accueillir sa justification, & l'avoit condamné à une prison qui fut longue. Le prince royal lui promit le cordon de l'aigle noir, s'il devenoit le maître un jour. Le comte d'*An*.... enfin libre se présenta à Potzdam pour remercier le roi. S. A. R. qui se trouvoit sur le perron avec plusieurs généraux, lui dit: --- *Soyez le bien-venu, comte, je vous fais mon compliment*..... Un discours aussi simple choqua le comte & le rendit furieux. --- *Le roi*, s'écria-t-il en regardant tout le monde, *est le maître de faire de moi ce qu'il lui plaira, mais voici* (en mettant la main sur son épée) *qui répondra à ceux qui s'aviseront de me plaisanter*...... Le prince se recula en disant: *Messieurs, laissez passer cette bête féroce.* Dès que le comte d'*An*.... eût appris l'avénement du roi au trône, il ne craignit pas de lui rappeller la promesse qu'il lui avoit faite de lui donner l'ordre de l'*aigle noir*. Sa majesté montra la lettre du comte au prince *Henri* & à plusieurs généraux & ministres qui furent tous d'avis de le refuser.--

Mais

Mais j'ai promis. --- Ces promesses ne peuvent être que conditionnelles.... Enfin lorsque le roi alla en Prusse, le comte d'*An...* gouverneur de K..... le somma de sa parole. Quelqu'un dit à sa majesté que cet officier méritoit plutôt une punition qu'une grace. --- *Je ne peux ni ne dois le punir*, répondit le roi, & le comte obtint ce qu'il désiroit.

Le docteur. Si ces dames sont en train de s'amuser de petites histoires, je puis les servir à souhait. Commençons par celle du précepteur des jeunes de Sabran. C'est un ancien oratorien nommé Bernard, homme instruit, &, ce qui vaut bien mieux, très-aimable. Il vient d'être mis à la Bastille. Grande rumeur & mille versions différentes à ce sujet. On prétend que des personnages distingués sont ses complices. Mais quel est son crime? Comme les escroqueries dans le grand genre sont à la mode depuis quelque tems, on a dit qu'il étoit question de fausses signatures & de contrefaçons d'effets publics. Il est plus probable que des vérités fâcheuses l'ont conduit où il est. S'il est l'auteur de certains libelles qu'on lui attribue, il y restera long-tems.

Le marquis. Mesdames, je sais de quoi vous dégoûter du pétulant champagne. Monsieur de Z.... débouchoit une bouteille de ce vin mousseux avec un tirebouchon attaché au manche de son couteau. On plaisantoit sur la résistance du bouchon; il part à l'improviste avec l'arme tranchante qui va frapper le cœur d'une épouse adorée. Elle a expiré à l'inftant. Figurez-vous la confternation des convives, la douleur déchirante d'un mari qui étoit encore l'amant de fa femme.

L'abbé. Ceci prouve combien il eft utile d'être modéré en tout & particuliérement fur ce point.

La comteffe. En vérité, l'abbé, vous êtes aujourd'hui un être odieux.

Le docteur. Laiffez-le faire diverfion à nos triftes récits. Nous n'en avons que de cette efpece. Des fecouffes de tremblemens de terre, des maifons renverfées à Breflau, une fentinelle tuée par des exhalaifons nocturnes à Neuftadt en Silefie.

Le marquis. Et bien pis que tout cela, un vol, des affaffinats commis en pleine mer. Le navire *la Rofette* de Bordeaux, fe trouvoit à la vue de la baye de *la Table*, le 12 août, au milieu de la nuit; deux freres Italiens qui faifoient partie de l'équipage fe mirent en tête de s'emparer de quelques barils de piaftres; ils féduifent le cuifinier, s'arment de haches & maffacrent leurs victimes dans le fommeil. Il reftoit le pilote à facrifier; cet homme nommé *Boys* obtient la vie à condition qu'il tuera un petit mouffe qui s'étoit caché à fond de cale. *Boys* remplit fa promeffe, & fait plus; il s'empare de la caiffe du capitaine. Les chefs du complot ne vouloient pas partager le butin, ils jettent *Boys* à la mer. Les fcélérats percent enfuite le vaiffeau & s'enfuient avec leur proie dans une chaloupe. Le bâtiment ne coula point à fond, comme ils l'avoient espéré ; le vent & la marée le poussèrent dans le port. Des traces de sang que l'on y remarqua firent soupçonner le crime : on fit des recherches, on trouva les coupables, & ils sont en ce moment dans les prisons du cap de Bonne-Espérance, si un juste supplice n'a pas encore purgé la terre de ces monstres.

Le docteur. On parle tout bas d'un meurtre qui n'est pas moins révoltant. Un de nos grands seigneurs, un prince de l'église furieux que le garde-chasse d'un gentilhomme son voisin voulût l'empêcher de chasser sur les terres de son maître, l'a couché bas d'un coup de fusil.

Le marquis. Trouvez mauvais, après cet exemple, que l'on cherche à abattre l'orgueil clérical. Mariez-vous, messieurs les prêtres, vous deviendrez humains : ayez des propriétés légitimes & vous respecterez celles des autres.

L'abbé. Quelque chose de plus gai, Mesdames. La belle *Conta* étoit depuis long-tems curieuse de voir le charmant boudoir de la reine à Fontainebleau. A la fin du voyage, elle obtint d'y être introduite, dans un moment où l'on ne pensoit pas que sa majesté eût l'idée d'y venir. La *Conta* voit un métier de tapisserie devant le sopha, elle s'assied & se met à broder. Une porte s'ouvre, la reine paroît. Jugez de la surprise & de la confusion de l'actrice. Elle veut fuir, elle renverse le métier de tapisserie, une table sur laquelle étoit un ſuperbe déjeûner de porcelaine & laiſſe la moitié de ſa robe qui s'étoit accrochée à un ornement de bronze.

La préſid. Qu'étoit devenue l'effronterie ordinaire à ces créatures ?

La comteſſe. Elle l'avoit laiſſée avant d'entrer dans ce lieu reſpectable, & certainement elle l'aura repriſe en ſortant.

L'abbé. C'eſt une terrible leçon pour elle. On la dit inconſolable de quelques mots qui ont échappé à la reine, dans ſon juſte courroux.

Le marquis. Voilà ſans doute à quelle occaſion ſon adorateur *Molé* lui a offert de l'épouſer par compaſſion.

L'abbé. Dites par amour. La tête lui tourne. Accoutumé aux rôles d'amoureux, ce vieux adoleſcent en joue un de la plus rude eſpece près de ſa belle. En lui propoſant le mariage, il lui a permis d'avance de lui adjoindre un galant, lorſque cela lui plairoit. Mlle. *Contat*, luttant de délicateſſe avec *Molé*, a répondu avec dignité qu'*elle ſeroit volontiers ſon amie & même quelque choſe de plus, mais jamais ſon épouſe.*

La comteſſe. La ſaiſon a été malheureuſe pour les gens de théatre. J'ai entendu l'autre jour une plaiſante querelle aux italiens. Le ſuiſſe refuſa d'obéir à quelque ordre que lui donnoit *Cheſnard.* -- *Eh, maraut, qui eſt-ce qui te paie*, dit celui-ci ? --- *C'eſt vous, mais par ordre des gentilshommes de la chambre mes maîtres*, répondit le suisse. La dispute fut si vive que nous l'avons entendue de la salle, ainsi que les coups de canne qui la terminerent. J'ai appris qu'ils ont conduit le comédien à l'hôtel de la force & le suisse dans son lit.

La présid. L'abbé, devinez la mesure du gros ventre de *Desessarts ?*

L'abbé. En vérité, madame la présidente, je ne vois pas à quoi aboutit cette question. Si je connoissois au juste la circonférence d'un muid, je pourrois y répondre.

La présid. Apprenez, l'abbé, que mon protégé Desessarts n'est pas si gros que quatre bouteilles. C'est le duc D...... qui a pris la peine de le mesurer pour gagner une gageure de 500 louis. Les circonférences des quatre bouteilles jointes ensemble ont donné 2 lignes de plus que cette corpulence qui vous paroît énorme.

L'abbé. C'est apparemment une revanche que le duc D.... a prise contre le lord *** avec lequel il avoit parié que quatre lapins mis au bout l'un de l'autre étoient plus grands que le duc de G.....

La marquise. Vous fouillez donc dans les papiers anglais, l'abbé. Y avez-vous vu la réponse d'un homme dont on instruisoit le procès pour cause de bigamie ? Deux femmes avoient déja prouvé leurs droits sur sa personne. Une troisieme survint, puis une quatrieme.---- *Malheureux*, lui dit le juge, *à quel nombre voulois-tu donc te borner ?* ---- *Me borner ;*

répondit l'accuſé ! *ah, milord ; quand j'en aurois rencontré une bonne.*

La marquiſe. Eh bon dieu, il eſt onze heures, ne ſoupons-nous pas ? Sonnez donc, monſieur le marquis.

Fin du premier volume.

www.ingramcontent.com/pod-product-compliance
Ingram Content Group UK Ltd.
Pitfield, Milton Keynes, MK11 3LW, UK
UKHW022101260726
13993UKWH00001B/254